U0347031

与顾客共舞

一本书讲透顾客访谈

崔大鹏　何琳◎著

机械工业出版社
CHINA MACHINE PRESS

你可能在努力挖掘市场上有哪些未被满足的需求，你可能在考虑产品应该添加哪个新功能，你可能会好奇为什么顾客会流失，你还可能会纠结如何让更多人购买你的产品。你的数据可能既没有给你清晰的答案，又永远不会告诉你为什么。因此，你需要去访谈顾客，去向顾客学习。然而，糟糕的访谈会产生不准确的信息，从而将你的业务带向错误的方向。访谈不是聊天，而是一种技能，会与你平时的谈话有本质的区别。要做好访谈，就需要不断学习和练习。一旦具备专业的顾客访谈能力，你在回答上述问题时就会取得前所未有的突破。

本书将教你如何以具体、有针对性和有条理的方式，运用同理心和提问技能，从顾客身上挖掘你和你的竞争对手都没有意识到的机会。顾客会告知过去你从未发现的事情——有用的、可操作的、能创造价值的事情。从这本书中，你将收获一个工具箱，里面装满了可重复使用的工作流程和技巧，帮你一次又一次地发现市场机会、获得豁然大悟的瞬间。

无论你是为设计过程带来真知灼见的设计师，还是希望了解“真实的人们”如何生活的工程师，抑或是寻求更好的方法来发现新机遇的战略家，或是深知数据价值的营销人员，即使你从未正式接触过你的顾客，本书也将指导你规划和执行一个成功的顾客访谈过程。

图书在版编目（CIP）数据

与顾客共舞：一本书讲透顾客访谈 / 崔大鹏，何琳著. -- 北京：机械工业出版社，2025. 2. -- ISBN 978-7-111-77512-6

Ⅰ. F274

中国国家版本馆CIP数据核字第20259XF383号

机械工业出版社（北京市百万庄大街22号　邮政编码100037）
策划编辑：解文涛　　　　责任编辑：解文涛
责任校对：曹若菲　薄萌钰　　责任印制：张　博
北京联兴盛业印刷股份有限公司印刷
2025年3月第1版第1次印刷
145mm×210mm · 9.25印张 · 3插页 · 166千字
标准书号：ISBN 978-7-111-77512-6
定价：69.80元

电话服务　　　　　　　　网络服务
客服电话：010-88361066　　机　工　官　网：www. cmpbook. com
　　　　　010-88379833　　机　工　官　博：weibo. com/cmp1952
　　　　　010-68326294　　金　　书　　网：www. golden-book. com
封底无防伪标均为盗版　　机工教育服务网：www. cmpedu. com

大咖推荐

企业里几乎所有岗位都有自己的客户，都需要访谈客户从而获取相应信息。例如，产品部门开发新品，需要访谈来挖掘客户需求；信息化部门做数字化项目，需要访谈来梳理业务流程；人力资源部门设计晋升制度，需要访谈来设计岗位任职资格；行政部门制定员工福利制度，也需要访谈来获知真实需求……因此，每个职场人都应该具备顾客访谈的能力。顾客访谈看上去门槛很低，似乎谁都能问几句，但掌握它需要系统和科学的训练。本书是每个职场人进行顾客访谈必备的工具书。

陈　宏

陈克明食品股份有限公司总经理

学会倾听——真正听出话语背后的意图——不仅是当今设计师、研究人员和产品经理需要掌握的一项关键技能，其实也是每个人都需要的技能。

擅于倾听不是一种天赋，而是一种能力。你可以通过本书中非常全面的指导来培养这种能力。这本书涵盖了良好访谈的技巧、如何在不偏颇的情况下获取所需信息，以及执行顾客研究工作所需的各种技能。这些技能能够让新手对自己充满信心，真正走出去与人交谈。

这本书让我们去享受顾客访谈的乐趣和特权：它能照亮人类行为的

角落。我想向任何希望学会倾听，从而可以进行更多信息交流的人推荐这本书。

方 茜
欧洲民意与市场研究协会（ESOMAR）中国区代表

不管你是 i 人还 e 人，从“与顾客共舞”开始，用心理解顾客，让我们的市场洞察和商业策略更有灵魂！《与顾客共舞》将顾客访谈中最容易碰到也是往往被我们忽视的问题进行了梳理，并从是什么、为什么、怎么做三个层面系统地讨论了从研究设计到实际操作再到内容分析，是一本难得的研究顾客访谈的指导书：不仅仅是理论，更多地用实际案例展示如何做好顾客访谈！相信你一定能从中有所收获！

费鸿萍
中国高等院校市场学研究会常务理事、活动委员会副主任

本书以精炼的语言和深入浅出的笔触，引领读者探索顾客访谈这一个既熟悉又陌生的领域。作者通过生动的案例，将不易表达的访谈体验和技巧变得易于理解和学习，让读者在享受阅读乐趣的同时，也能获得有效的访谈实践技巧。

黎 波
逢城戏元宇宙营销创始人

在企业里从事消费者研究 10 年，我深知定性访谈的难度。拿到崔博士这本书我几乎一口气读完，当时我正在被一个很重要的定性项目折磨得焦头烂额，这本书给了我很多启发。无论亲自做访谈，还是仅作为访谈的参与者，书中谈到的流程管理、访谈技巧、易犯错误，都能帮我们避掉很多坑，确保最后产出的有效性。

李瑞菊
博西家电（中国）消费者研究总监

《与顾客共舞》不仅是一本关于访谈技巧的指南，更是一本关于如何通过深入理解顾客来提升战略性思维和决策能力的书。如何将访谈内容转化为实际的商业行动，这对于战略性思维来说尤其重要。这就要求我们不仅要理解顾客的需求，还要能够将这些需求转化为具体的产品或服务创新，进而调整公司的战略方向。《与顾客共舞》提供了一套完整的工具和框架，帮助大家在战略规划和执行中做出更加精准和有效的决策。我强烈推荐《与顾客共舞》给所有致力于通过深入理解顾客来推动业务决策和发展的人。

罗　欢

自然堂集团战略发展高级总监

我有幸与崔总合作过多次消费者深度访谈及问卷调查，本书是崔总及其团队实战经验的总结和升华。作者从访谈准备、执行过程控制、访谈细节优化以及结果剖析等方面详细地阐述了如何做好顾问访谈，提供了一套系统的方法论，非常有助于构建与消费者之间的深度对话，从而洞察真正的市场需求，指导产品开发、营销策略优化。对所有想寻找市场机会的企业来说，这是一本实操指南，提供了丰富的技巧来提高访谈互动和信息收集的有效性。希望《与顾客共舞》这本书能够被更多的有心人品读和学习。

张　园

乐福思健康销售总监

康师傅前品牌总监、洽洽坚果事业部前总经理

我在出差途中一口气读完《与顾客共舞》一书。专业书籍能写得这么有趣易读，着实让我感到惊喜。每一章穿插的生动案例不仅让阅读变成一种享受，更让知识的获取变得轻松。

作为品牌方，我深谙顾客访谈中的甜酸苦辣——无法深入到生活细节、访谈氛围紧张、访谈流程不合理、受访者不配合或过于“配合”等，导致获取的信息片面和不真实。本书为我解决了心中很多困惑，让我对整体访谈知识体系和访谈技巧有了更专业的理解，同时对优秀访谈团队的标准有了更清晰的认识。

对于任何希望在顾客洞察领域有所建树的专业人士，我衷心推荐本书。

赵祥艳
青岛啤酒消费者高级研究经理

推荐序

如何通过顾客访谈培养产品洞察力？崔大鹏博士和何琳女士以其丰富的经验和精辟的见解创作本书，带你了解什么是顾客访谈，以及顾客的意见何以改变我们的世界观、改变我们在市场中前行的方式。

为人们设计产品和体验的人知道应该与顾客交谈，了解他们眼中的世界是什么样子的。对于为人们发明、改造和改进产品的工作来说，这种提问和倾听是必要的。现实中常常有人认为自己确实与顾客交谈了，但最终还是制造出了没人购买的产品。人们希望找到如何使产品在市场上成功的真相。挖掘真相——而且要挖掘得很深入——比你想象的要复杂很多，我们提出的每一个问题都有可能使交谈对象产生理解偏差和情绪波动，从而使整个交谈过程和输出变得毫无意义。

真相是我们的目标，问题和同理心是我们的工具。要想提出正确的问题，并让顾客乐意分享他们的生活和细节，需要学习，需要大量地实践，需要掌握相关的技巧。试图从与顾客的对话中学习，如同挖掘一个考古遗址，真相就在遗址下面的某个地方，但它很脆弱。虽然每一次挥动铲子都能让你更接近真相，但如果你用的工具太钝，就会把珍贵的文物砸成无数个小碎片。我看到很多团队使用“挖掘机”进行挖掘，迫使人们对他们的产品说一些好话。他们使用一些简单甚至“粗暴”的问题，比如,“你认为这是个好创意吗”和“你想要什么功能”，等等。另一个极端是一些人试图用“牙刷”来挖掘一座城市，不敢用力深入挖掘，也不知道下面是否真的埋藏着有价值的东西。

这本书可谓顾客访谈的“遗址挖掘”指南，展示了巧妙、基本的对话原则和技巧，有你可以立即使用的丰富的工具和流程，让你发展同理心去倾听顾客的声音，以获得更加丰富、更有启发性的反馈。这是一本人性化、可操作的手册，书中关于顾客访谈的实用建议，不仅解释了“如何”，还解释了同样重要的“为什么”——它是区分专业和业余的重要分水岭。

相信本书有助于企业人、市场人以及 MBA 学员高效掌握与顾客交谈的本领，学习将顾客转化为忠诚粉丝的方法，制定更加切实的长期战略目标。

白长虹
南开大学商学院院长
幸福与创造实验室首席科学家

注释：本图由 DALL·E2 协助制作。

序　言

2023 年，在现象级电视剧《漫长的季节》里，脱下公安制服的马队，参加老年拉丁舞选拔赛时，举手投足间尽显“桦林舞王”马龙德兰胜的风范，甚至差点将自己的舞伴老太太抡上天。然而，自以为胜券在握的马队最终发现：落选了。评委给出的理由是：探戈是双人舞，你太注重突显自己，不注意协同。

在 30 多年前的电影《闻香识女人》中，有这样一个片段：失明的退役中尉弗兰克在一家餐厅被一股香水味吸引，顺着气味，他开始搭讪陌生女子唐娜……

弗兰克：“你想学跳探戈吗？”

唐　娜：“现在吗？”

弗兰克：“我可以教你。你觉得怎么样？免费。”

唐　娜：“我有点害怕。”

弗兰克：“害怕什么？”

唐　娜：“我害怕自己会出错。”

弗兰克："跳舞和人生不一样，无所谓错不错。简单就是探戈的魅力，哪怕步子乱了，跳下去就好。为什么不试试呢？你想试试吗？"

唐　娜："好吧，那我试试。"

在迈过了前几步的"磨合"后，两个人渐入佳境，并创造了世界电影史上最难忘的探戈片段之一。

与人共舞时，经验不足的舞者会不自觉地关注自己动作的对错，但这样忽略了舞蹈时力量的强弱轻重，时间与节奏的快慢，空间的大小高低与流动的方向。最重要的是双方一直在走动，会导致忘记停顿。在电影中，弗兰克中尉的重心回到自己的身体，动作放慢，有意识地探索自身，并觉察舞伴的意向和动作。我们常常认为，一定要用表情或眼神与他人建立连接，其实还可以通过关注自己本身，靠感知去回应和引领。

跳舞时，我们常常过于追求别人眼中的美感，但美感可遇不可求，有时候过于追求美感反而会适得其反。自然而然突然涌现出来的那种松弛与协调就是一种美感，无须刻意。弗兰克中尉或许是由于失明而不在乎旁观者的眼光，全身心投入到与舞伴的感知与互动中，反而创造出一段令人回味无穷的经典。连素昧平生的唐娜在被未婚夫使劲拽走时，还一步三回头地望着弗兰克。

为什么要描述这两段舞蹈剧情？

因为目光炯炯的马队和失明的弗兰克带给我们的感受，恰恰与我们分别作为新手和专业人士开展顾客访谈时的体会一模一样！

虽然顾客访谈的大部分技巧都是基于我们在孩童时期发展的提问技能，但一个仅仅会提问、状态如机器人的主持人，很难圆满完成顾客访谈任务。我们还需要让眼神、语气、声音、肢体等参与进来，在空间、时间和节奏中，建立与顾客在心理层面的连接，树立顾客对我们的信任。

顾客访谈的大部分工作，都是建立在进一步挖掘和给予受访者深入分享的最佳机会上。就像与人共舞，既不能彻底被舞伴领着像机器人一样亦步亦趋，也不能自己跳开心了，忘记舞伴而变成独舞。在顾客访谈中，主持人需要洞察对方的情绪、情感和立场，积极管理访谈进程中对方情绪的流动，让对方打开心扉，主动分享与我们访谈主题相关的内容。

有些人在顾客访谈时追求对话的流畅，但流畅并不是访谈目的，过于追求流畅反而会让人容易忘记你究竟为何而来。优秀的主持人貌似与人交流自然随性，但在说什么、什么时候说、怎么说以及在什么时候什么都不说等方面，会做出深思熟虑的具体选择。这样的访谈就像两个人的日常对话，会让人觉得更真实、更有价值。

正如舞者需要感应对方的肢体和意向，主持人需要连接顾客的灵魂与思想。

所以，我们为本书取名为《与顾客共舞》。

我们为什么要写这本书

简而言之，市面上没有资源可以被想学顾客访谈的中小型企业所获得和掌握。

一直以来，大型企业拥有充足的团队和资源开展顾客访谈和研究，但这对广大的中小型企业来说却太遥远。聘请真正专业的研究公司做顾客访谈通常很昂贵，且在与专业公司的沟通上需要花费大量的时间和精力。即便邀请专业人员进入企业内部做培训，只言片语也只能覆盖顾客访谈的基本流程和操作，对访谈本质的触及十之不足一二。

同时，市面上也没有相应的让人能理解访谈过程和学习访谈技巧的专业书籍。大多数关于顾客研究的书籍止步于对顾客访谈的分类和通用执行流程，对如何建立访谈框架、如何提问、如何让顾客主动开口、如何管理访谈进程中的起伏等，只字不提，而这些知识恰恰是零经验的主持人所迫切需要的。

本书试图填补上述市场空白。通过剖析和展现顾客访谈所需要的基本知识与技巧，本书希望支持到那些想学和想做顾客访谈的企业，尤其是中小型企业。

此外，本书还有两个宏大的目标。一个目标是发展人们学习顾客访谈的兴趣。市场竞争太激烈了，开发一个顾客不想要的产品和功能痛苦且浪费巨大，尤其对于中小型企业而言。如果他们一开始就了解如何做顾客访谈，那么就不必经历那样的痛苦并减少不必要的损失。对于那些习惯于没有顾客输入就做决策的企业，试图在产品开发阶段引入顾客视角也是非常痛苦的事，改变这一习惯要付出巨大的努力和代价。相反，如果一开始就植入一个以顾客为中心的视角，那么它的成长就会少一些波折。

另外一个目标是纠正很多人对顾客访谈的错误认知和做法。例如，对于很多团队而言，顾客访谈的既定目标是发现他们的“痛点”（通常称为“需求”）。他们假设，如果愿意离开办公室，花点力气进入顾客所在的环境，就能带着一堆新需求回家。例如，顾客需要 X 和 Y，于是设计师只需在产品中加入 X 和 Y 就万事大吉。真是这样吗？虽然这样做总比什么都不做强，但事实上，很多重要信息都会被遗失。洞察不会简单地跃然纸上，你需要努力挖掘。

本书的内容

本书所说的“顾客访谈”，可能会被其他人称为顾客研究、实地考察、情景探究、设计研究，或者人类学研究。无论什么名称，都涉及与顾客的互动交流，从而获取有价值的信息，并包含以下关键内容：

- 深入研究人。
- 不仅要探索他们的行为，还要探索这些行为背后的意义。
- 通过推理、解释、分析，使数据具有意义。
- 利用获取的洞察，为产品、服务或其他解决方案指明方向。

在大多数顾客访谈中（并不总是），我们都会去拜访我们的顾客，在他们的家里、办公室、车里、公园里等。在规划顾客访谈时，我总会问自己，让顾客来参观我们的东西（如在某个会议室里搭建的产品原型）是否比我们出去看他们的东西更有启发。总之，我们做顾客访谈的目标是学到深刻的新知识。虽然通过服务热线、售后服务或售前咨询等方式快速获得的信息也对决策有益，但这并不是本书的重点。

在本书中，访谈也特指一种技能，其中最重要的是“同理心”。什么是同理心？我们举个例子。

如果你的朋友向你抱怨经常加班，你的第一反应是哪一种？

A. 我真心疼你。

B. 至少更坏的情况没有发生。

C. 听上去加班让你很困扰。

D. 一切都会好的。

A 听上去是同情大于共情；B 是好意，但字里行间却淡化了“经常加班这种情况”；D 也是好意，但封闭了继续谈话的可能性；C 才是共情表达，让对方觉得被倾听。

A、B 和 D 是人的正常反应，但这样的反应才恰恰是你访谈时需要抑制的。

你可以从和周围人的说话方式中，深度思考自身的响应模式。如果你的本能是“淡化”或“同情”对方的经历，让他感受更好一点，这并不意味着你的为人处世有问题。这只是意味着你需要克服其他的本能反应，需要学习带着同理心去交流。

这听起来很有挑战，对吗？

幸运的是，正如布琳·布朗博士所说：“同理心最好被理解为一种可学习的技能，因为具有同理心或表达同理心的能力并不是一种与生俱来或直观的品质。”[1]

我们定义同理心为穿着他们的鞋子，生活在他们所处的环境里，透过他们的眼睛看世界。在顾客访谈中，同理心意味着走进顾客的世界，理解他们的决定和行动。一旦掌握了同理心，顾客访谈就会成为你的核心专业能力。如果它成为你在每日常态中的一部分，它就有可能改变你的人生。

本书将教你如何运用同理心做顾客访谈，从顾客身上挖掘你和你的竞争对手都没有意识到的机会。顾客会告知过去你从未发现的事情——有用的、可操作的、能创造价值的事情。

即使你从来没有访谈过顾客。

即使你认为自己不适合与人交流。

即使你的公司尚未成立。

……

你都可以参考本书，将学到的技能用于潜在顾客、老顾客、新顾客、流失顾客、你的上级和下属、你的供应商，甚至你的个人生活中……

从这本书中，你将收获一个工具箱，里面装满了可重复使用的工作流程和技巧，让你一次又一次地发现机会并感受豁然开朗的喜悦。

本书的结构

这本书以下面的线性方式组织：

第一章：你也可以学会顾客访谈。没有人天生就会做顾客访谈，这不是一个与生俱来的技能，需要后天不断学习和练习。你所担心的各种问题，将在本章得到答案。

第二章：什么时候做顾客访谈。多做顾客访谈有好处，但有些问题更适合开展顾客访谈，而且不同的问题适合不同类型的顾客。

第三章：建立顾客访谈的心智模式。建立自己看待顾客的视角有助于你在顾客的世界里畅游。在你进行访谈和分析访谈内容的过程中，将这些心智模式记在心里非常重要。

第四章：顾客访谈的后勤工作。本章讨论如何确定、甄别、筛选和邀约访谈对象，以及完善基本的后勤工作，从而让你的实地工作能够顺利进行。

第五章：制作访谈大纲。本章针对不同的访谈情景，讨论访谈问题的设计，并提供几种行之有效的大纲模板。这一章可能是你将来参考最频繁的部分。

第六章：在你进入实地访谈之前。在你准备出发前，还有很多工作需要准备，如访谈小组的职责分配、访谈注意事项等。这些准备工作能让你的访谈更顺利。

第七章：发展主持人的同理心。这是一些访谈原则。发展自己的原则是让自己成为专家的必经之路。

第八章：访谈中的提问。访谈本质上就是提问，我们需要掌握自己的提问百宝箱，以备在不同情况下帮助自己提问，为受访者提供更好的谈话机会。

第九章：使用非语言策略让顾客愿意开口。访谈与其说是对话，不如说是表演，本部分将教你如何运用非语言沟通策略，帮助人们建立安心感，愿意主动谈论相关话题。

第十章：让顾客分享更多的策略。在访谈中要创造让对方愿意分享的机会，我们讨论让对方更愿意深层次分享的策略。

第十一章：避免错误和无用信息。顾客的回答会有很多陷阱，这不仅要求我们对这些陷阱有识别能力，更要求我们关注自身提出的问题以及对商业问题的思考。

第十二章：管理访谈进程。我们讨论如何管理访谈中的起起伏伏，从而推动访谈朝着你希望的方向进行。

第十三章：分析访谈内容。本章介绍两种简洁可行、易上手的分析方法，帮助我们总结和提炼访谈内容，从而让访谈的成果能够在企业落地。

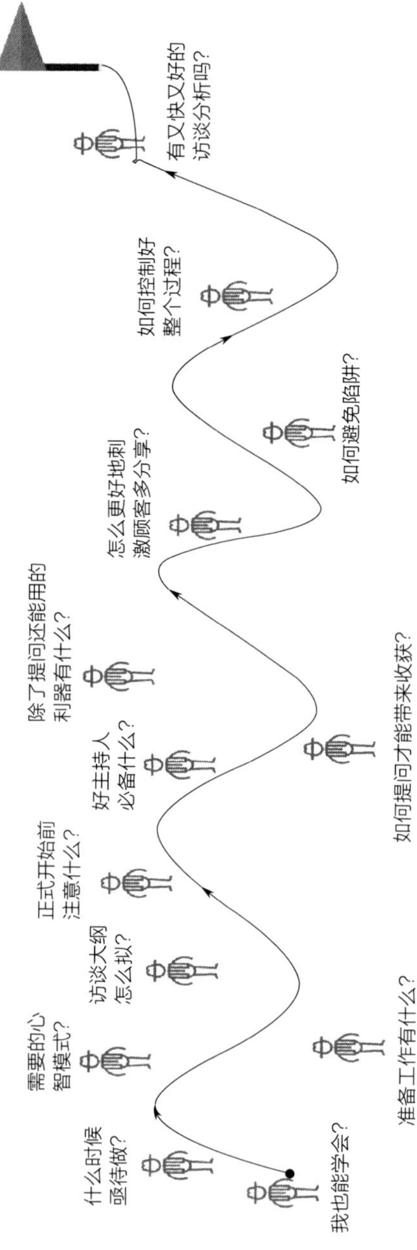
我也能学会？
什么时候
亟待做？
准备工作有什么？
需要的心
智模式？
访谈大纲
怎么拟？
正式开始前
注意什么？
好主持人
必备什么？
如何提问才能带来收获？
除了提问还能用的
利器有什么？
怎么更好地刺
激顾客多分享？
如何避免陷阱？
如何控制好
整个过程？
有又快又好的
访谈分析吗？

本书的读者

坦率地说，这本书适合所有为了更好地为顾客制造产品（本书中所说的产品包括产品与服务）而与顾客交谈的人。在书中，你将能够收获更准确、更细致入微和更有意义的关于访谈的信息，无论你是为设计过程带来真知灼见的设计师，还是希望了解“真实的人们”如何生活的工程师，抑或是寻求更好的方法发现新机遇的战略家，或是深知数据价值的营销人员，即使你从未正式接触过你的顾客，本书也将指导你规划和执行一个成功的顾客访谈过程。

让我们一步一步展开顾客访谈之旅。祝阅读愉快，拔锚开船！

目　录

注释：本图由 DALL·E2 协助制作。

第一章

你也可以学会顾客访谈

序幕

真不行吗

我刚入行时，年轻气盛。听过几场顾客访谈后，就觉得这好像拉家常一样的聊天，有什么难的？我也行！

还真不行。我做了一场关于洗衣机的顾客访谈，20 分钟就草草收场了。我事先精心准备的问题大纲，有一半内容都忘记问了，剩下的问题得到的最多的答案是：挺好的、没毛病、就是喜欢、没其他原因、没什么想法……事后，面对一无所获的访谈结果，我真是一连数日都耷拉着脑袋。

我将这场访谈的结果归咎于自己内向的性格，并且认为并不是人人都能学会或者适合做顾客访谈。我在日常社交环境中都无法做到游刃有余，更别说做访谈了。

但后来，我发现很多人都和我一样——有几个被称为社交达人的人，做一个关于“房屋清洁”的访谈，开始 10 分钟就无话可说了。还有人天南地北地和顾客聊得很好，但最后却没有得到任何有价值的输出。同时，我也认识了很多日常少言寡语的专业主持人，别看他们话语不多，却能让顾客侃侃而谈。

那么，真相是什么？

如果你想邀请某位一见倾心的美女共舞，但自己却没有太多跳双人舞的经验。这时，你是否担心跳错舞步？是否害怕踩到对方的脚？是否担忧开口说错话？是否担心冒犯对方？甚至是否担忧被对方嫌弃……你瞻前顾后、犹犹豫豫。

做顾客访谈也是如此。

你对是否有时间访谈顾客表示怀疑，你可能也会担忧顾客将告诉你的是你已经知道的故事。即使硬着头皮去访谈，你也质疑自己是否能从访谈中收获有用的信息，因为不准确的信息会将你的业务带往错误的方向。此外，你还担心与顾客交流会很尴尬，你可能会冒犯他们，可能会犯一些莫名其妙的错误。

犯错也很正常。

我已经做过上千次访谈了，我仍然发现自己会犯错。是人就会犯错，要紧的是你知道你自己犯错了。

对自己不要太苛刻。允许自己犯错，并从中学习。电影《闻香识女人》中的弗兰克说，“要是踏错或者绊倒了，继续跳就好。为什么不试试呢？”

不管你的起始点是什么，这一章可作为帮助你成为一个有信心的主持人的基础，让你了解成为一个有效的主持人需要学习什么。你做第一个访谈时或许会觉得别扭，做第二个时也可能觉得难受…… 但到第十个时，可能就有了感觉。到了第二十个时，你也许能非常自然地侃侃而谈。

如果你担心访谈会拖慢你的工作进度

认为顾客访谈会拖慢工作进度的说法一直存在，尤其是在高增长的初创公司或需要快速创新的公司。但让我们重新想一想：你目前核心工作的关键假设是什么？如果它们都错了怎么办？你需要重做多少工作？重做需要多长时间？

前期持续的研究可以为决策提供依据，从而使其他工作进展得更快。没有什么比争执谁对谁错或花费精力解决错误问题更能拖慢创新和开发项目的进度了。事实上，在基于证据的环境中开展工作能更快地做出决策。最慢的莫过于匆忙投入，事后发现还要收拾残局。你可以从一两个访谈做起。几周时间对你的总体进度影响不大，却能大大加快你做决策的速度，并大幅提高成功的可能性。

如果你担心出丑

在某些公司的文化中，对个人能力的追捧和崇拜依然强烈，想做顾客访谈可能会被视为能力欠缺或缺乏自信的表现。我们要与这种现象做斗争。要知道，提出问题既令人担忧，又是勇气和智慧的象征。

在学习和工作中，我们中的大多数人一生都曾因为正确答案而获得奖励。伴随着这种美好感觉而来的是一种深深的恐惧，害怕自己的无知被揭穿。我们很难放弃温暖、舒适的确定性，无论这种确定性有多么虚幻。因此，谦虚和勇气都是学习的前提。你需要承认自己缺乏所有的答案。你对自己不知道的东西越坦诚，你学到的东西就越多。你越快证明自己是错的，你在错误的道路上花费的时间就越少，就越有可能避免成为最终的小丑。

你担心出丑的另一个原因是做访谈就像在同事眼中做表演，而表演总会出丑——不自然、现场失控、接不上问题等，这些都会影响你的形象，也会影响同事对你的能力的评估。对，某种意义上顾客访谈就是即兴表演，但表演被认为是发展个人感受力的最佳方式之一，将对你的生活和人生带来潜移默化的改变。[2]

如果你认为做访谈是自找麻烦

除非你天生对人有好奇心，否则顾客访谈工作一开始看起来就像是烦人的家庭作业。然而，你正在创造一个人们将使用的产品。这个产品将代表你与他人交流，因此最开始你需要先代表它与人们交流。事实上，与人们现实生活的相关性是创新与发明的分水岭。了解人们为什么以及如何做他们今天所做的事情，对于让新产品融入他们明天的生活至关重要。

一旦投入到顾客访谈中，你就会发现它既有趣又有用。一点点知识就能打开一个全新的世界，让你找到新的问题和解决问题的新方法。它会让你的工作更有意义。

如果你怀疑自己的谈话风格是否适合访谈

质疑自己能否学会访谈，其实是映射自己内心更深的害怕。害怕的原因可能是觉得自己的个性不合适，问问题时会尴尬，也可能是觉得接话是一个挑战。毕竟自由随心的谈话才是你的风格。

或者，你经常习惯性地打断对方谈话，怀疑自己是否能压制住那种本能。

“访谈”会让人直接联想到“交谈”和“有来有往”，但事实上访谈的核心是“倾听”。你可能会发现，当你真正倾听你的朋友说话，对方同时也意识到你在真正倾听时，你们之间的交流内容会更加深入。

当顾客发现一家公司（你所代表的）愿意倾听自己的心声——而且是“真正倾听”时，根据大脑功能性磁共振成像（MRI）研究，大脑中与动机、奖励和享受相关的部分会被调动起来，即人们的大脑会感到愉悦。[3] 这个时候，顾客将更愿意分享自己的经历，告诉你的内容会让你耳目一新。

如果你发现和人交谈让你感到疲倦

这也很正常。在日常对话环境中，我们可能会需要在至少 50% 的时间里说话，而且大部分时间都是在谈论自己。但访谈不是社交对话。一个好的访谈，主持人说的话仅仅占 10%，剩下 90% 的时间都是受访者在说。

即便如此，你可能仍然发现访谈非常疲倦。我也有同感。就像在序言中提到的，在访谈中你要调动全身去感知对方的心态，努力建立与对方的连接，并积极管理对话过程中的情绪流动。全方位沉浸到与受访者的对话中是一场巨大的脑力和体力消耗。

我通常建议一天最多做两个访谈，也可能一天一个更合适，剩下的时间将访谈内容彻底消化。然而，可惜的是，商业访谈一般很难允许一天做一个。如果你是企业主，自己去做访谈，那么我强烈建议你一天做一个。总而言之，建议你找到一个适合自己风格的方法。

如果你在对话中倾向于提供自己的观点

或许，你的挑战在于说太多的话，而不是无话可说。另一种比较相似的情况是，你可能很容易和人打成一片，但并不容易深挖。

当人们提出一个问题时，你乐于分享观点。或者在一个聚会中，有人提出有趣的观点，你也会分享一些相关的话题，而不是继续深挖他们的体验。这是本能，而且有其正当性。我们经常所说的领导力，就是分享自己的观点，并且是用屋子里最大的声音。在现实生活和工作场景中，交谈，用于表达自己，而不是倾听，是经常被鼓励的行为。

我们历来所受到的教育中没有特别多的关于沟通技能的训练，我们在学校中学到的很多技能，如纠正他人、展示自己的优秀、为自己的想法辩护以及证明自己的价值，在商业世界常常是不利于创造生产力的。

在顾客访谈中，你需要学习压抑自己分享的欲望，这有点反人性。但是，请记住，你是要向顾客学习，不是让顾客向你学习。所以，请管住嘴。

如果你担心在访谈中没有收获

通常，进行顾客访谈最大的障碍来自那些尝试过访谈但感觉没有收获的人。

当我挖掘这些感觉背后的场景和原因时，最后发现往往是由于以下几种原因：

（1）准备不充分或者根本没有准备。

（2）不知道如何追问。

（3）询问带有偏见的问题。

（4）问题没有重点。

（5）当顾客提出问题时，为自己辩解。

如果在解一道数学题时，你已经有了正确的解题思路，那么即便在解题过程中的某个环节绕点弯路，终究也能到达终点。访谈也是如此。访谈之前需要建立正确的访谈思路，在此基础上才有适宜的问题和追问角度。

如果你担心访谈结果有偏见

很多访谈，我所见过的，可能都是为了验证上级的一个想法。但不知他们是否想过，如果顾客理解他们的出发点，善意地迎合了他们，下一步怎么办？

亚当·阿姆兰指出，“一旦你的心态从‘这个设计是我的宝贝，你不要说它的坏话’转变为‘我们怎样才能共同把这个设计做得更好？’，结果就会好得多。”[4]

我经常对我的顾客说，“请把顾客访谈作为一个有用的工具来使用，不要将它当成证明你完成一项指定工作的证据。如果无论受访者说什么你都要做同样的决定，顾客访谈就是浪费时间。”

顾客访谈，更广泛地说，要求对“我的想法可能是错误的或者不完整的”更加有包容性。这个想法可能一开始让人感觉丢面子。将你的心态从感觉丢面子转变到期盼做顾客访谈，需要时间。

另外，只要有研究，就会有偏见。你的观点会受到你的习惯、信仰和知识结构的影响。你选择的顾客群体将不完全具有代表性，你收集的信息会有偏差，你的分析会受到选择性解释的影响，等等。但是，请不要放弃。谁都不可能完全消除偏见，但注意到研究过程或结果中潜在或明显的偏见这一简单事实，会让你更恰当地权衡研究结果。

科学、系统的训练能让你更好地识别和消除偏见，但在商业世界里，我们并不需要成为一个科学家。你只需具备或发展一些与优秀科学家相同的品质：

（1）你的求知欲要强于预测欲和表现欲。否则，你就会陷入“确认偏差”的怪圈，只是寻找能证实你已有假设的信息。

（2）你需要能将工作去人格化。在研究中，不存在受伤的感情，只有事实和研究结果。

（3）你需要有良好的沟通能力和分析思考能力。否则，问题和报告就会一团糟，结果也会更糟。

不用担心，大多数人都能掌握这些技能。

做好访谈，我们必须学习

想想其他通过口头询问成功完成工作的专业人士：审问嫌疑人挖掘事实的审讯专家，盘问对方证人的律师，进行外交谈判或者商业谈判的人士，或是采访明星的节目主持人。口头交流是一种深思熟虑、学以致用的专业技能，远超日常对话的范畴。

同样，顾客访谈也需要一套专业的技能，培养这些技能需要付出努力。事实上，访谈看起来像是一种日常交流行为，但如果你真的这么认为，实际上会增加你学习如何进行良好访谈的难度，因为你很容易在现有的日常对话方式中找到借口——“我就是这样说话，一直都很好”。

学习访谈与培养技术技能不同。例如，当学习数据分析技能时，你没有任何东西可以借鉴和依靠。但在访谈中，你需要学习如何将已知的东西搁置在一旁，甚至要质疑根深蒂固的观念；无论你认为顾客的观点多么不靠谱或荒谬，你都要学习接纳它们。简而言之，你要学习新的世界观，重新接纳自己——这需要相当大的勇气。

小　结

在访谈顾客时，不可避免地要和顾客交流沟通，这会引起诸多担忧。我们将所知道的担忧一一解构，希望借此建立起你学习顾客访谈的决心和信心。之所以告诉你这些，是因为你有的担心和顾虑我们都曾有过，学习访谈的过程也很痛苦。我们经历过所有这一切。但，如果我，一个以前经常被称为“愤青”的理工男，今天能做访谈，你也能。相信我。

在我们开始正式学习访谈之前，请建立一个“初学者心态”：在进入一个情境之前，先暂停自己先入为主的观念，从而发现新的信息。这种暂停判断的做法对于发现你可能没有意识到的问题至关重要，也有助于你打开心扉接纳新事物。这是一种同理心。

但也请别忘记，顾客访谈是一项商业行为。我们不是为了要访谈而访谈，访谈要为商业目的服务。

你也可以学会顾客访谈
为什么要做访谈？
访谈加快你做决策的速度，并大幅提高成功的可能性
在错误的道路上花费时间越少，越有可能避免失败
你创建的产品将代表你与他人交流，因此最开始你需要先代表它与人们交流
我能学会访谈吗？
无须怀疑自己的谈话风格是否适合访谈
无须担忧访谈让人疲倦，一个好的访谈，访谈者的话仅占 10%，剩下 90% 的时间都是受访者在说
无须多分享，学习压抑自己分享的欲望，向顾客学习而非让顾客向你学习
如何学会访谈？
访谈前建立正确的访谈思路，避免最后一无所获
不要将访谈当成证明你完成一项指定工作的证据，通过科学训练识别和消除访谈中的偏见
建立初学者心态是学会访谈的最佳起点

练一练

请写下 3~5 条你对开展顾客访谈工作的担忧或疑惑。如果愿意，欢迎分享给我们。

注释：本图由 DALL·E2 协助制作。

第二章

什么时候做顾客访谈

序幕

为什么我看不透你的心

我的一位朋友是某个食品公司的创始人，在食品制作方面颇有天分。因此，虽然公司的产品品种不多，但个个都是爆款，创业至今，他在经营上一帆风顺。然而，随着其他食品公司不断关注该领域，纷纷进入并推出各种新品，他开始感受到市场竞争的压力。

这天，这位朋友给我打电话，“哥们儿，现在怎么这么难啊！我已经弄不清楚市场想要什么了！为什么我推出的新品的市场反馈总是不如预期，而老产品的销量也不断在下滑？”

靠个人能力、天赋或运气打天下的日子似乎到头了。怎么办？

研究是指一种系统性的探究，想对某个特定主题了解更多，那么就要借力某个过程深化你的认识。顾客访谈是众多研究方法中的一种。

什么时候应该使用顾客访谈呢？通常要与其他研究工具作对比来回答。本书并不介绍其他研究工具，因此将从三个不同的层面回答该问题。

尽量多做顾客访谈

简单地说，你正在创造一个人们将使用的产品。这个产品将进入他人的生活，为了让产品符合人们所想的模样，在面世前，你需要先代表它与他人对话。

产品要取得成功，就必须满足人们的实际需求和愿望。奇怪的是，仅仅作为人们中的一员还不足以理解我们的大多数同伴。所以要将熟悉的人和事当作不熟悉来对待，走进他们的真实生活，这样才能看清和理解他们。

提出自己的问题并知道如何找到答案是产品创新的关键所在。发现人们的行为方式和原因，比仅仅在座谈会中询问人们的感受，或是在办公室里根据算法结果调整当前的设计方案，能更好地为企业开辟一条有价值的创新之路。

当你能直面顾客并提出棘手的问题时，你的工作就会变得容易得多——顾客访谈对发现市场新机会和驱动企业重新构思解决方案非常重要。企业总在寻找新的机会。与顾客访谈能让企业省去数月或数年在办公室令人沮丧、毫无结果的努力，避免将资源浪费在创造人们不需要的产品上。而解决方案的重新构思意味着视角的转变，它为创新指出一条重要的、以前未曾思考过的可能路径。即使创新不是你的目标，新思路也能帮助你了解产品在哪些方面（以及为什么）可能会失败，以及在哪些方面有望成功。

顾客访谈是一种强有力的工具——它允许你养成提问的习惯，质疑你的所有假设，确定你是否需要核对认知中的事实。如果你能时刻警惕威胁和潜在阻碍，你和你的产品就会变得更加强大。

顾客访谈是一种典型的自我批判性思维，在任何时候都会对你大有裨益。在顾客访谈中，你能意识到自己不知道的东西有多少，以及这意味着什么。认识到自己的局限性，就能在其范围内尽可能提高效率。

除此以外，顾客访谈还可为产品开发团队（包括研究人员、设计师、工程师、营销人员、产品管理人员和其他人员）创造一种共同的体验，它们通常是一种激励性的体验。获得这种体验的人能够更好地从顾客角度思考和创新。

除了我们从顾客那里了解到的信息和从与他们会面中获得的灵感外，还会有其他方面的积极改变。比如，对顾客体验和情感更具体的理解，或者简单地说，将“顾客”看作一个真实、活生生的人，洞悉其复杂性，这有助于团队成员如何看待自己、自己的创新工作以及周围的世界，这种演变会潜移默化地推动组织文化的转变。

更重要的是，这些收获的美妙之处在于它们是免费的（或几乎免费）。

总而言之，顾客访谈为你识别盲点、提供强有力的证据，并为你指出前行的方向。它是企业人的必备工具，应该成为一个产品团队日常工作流程中的重要组成部分。

但是，这并不是说你时时刻刻都需要做顾客访谈。为了充分利用时间，你要真正做到只开展足够的顾客访谈，尽量找出自己最优先考虑、风险最大的问题。例如，考虑到你的业务目标，如果在 6 个月后你意识到以下情况会导致巨大损失，那么进一步的顾客访谈会帮你降低发生的概率：

（1）把资源用在错误的方向上，导致巨大的浪费和机会的流失。

（2）自认没有竞争优势，或者在竞争对手模仿你之前，没有发现自己的优势。

（3）你在开发令你兴奋的功能，但实际上这些功能对你最重要的顾客来说并不重要。

（4）你的产品没有反映出什么对你的顾客最重要。

（5）你忽略了产品使用场景的一个关键方面。

（6）你对潜在顾客的生活习惯和偏好判断错误。

（7）你的产品、服务或系统可能会以你未曾考虑到的方式被滥用。

一些问题更适合顾客访谈

一把锤子虽然可以将一块石头砸碎，但它最合适的用途是将钉子敲进一块物体中。

作为工具的顾客访谈也是如此。顾客访谈可被用于回答很多问题，有时还和其他方法一起使用回答某个问题，但它的存在是因为它特别适合针对一些问题。

在商业活动中，我们通常都是先定义一个具体的问题。对于任何给定的问题，你只需要涵盖支持你预期具体决策的研究活动。我们所见过的最好的企业实践是：

（1）相关者对齐要回答的问题。（企业越大，牵扯的决策人就越多，对齐就越不容易。但是，一个没有很好定义的问题，无法帮助你聚焦后期的努力。）

（2）决定顾客访谈是不是合适的方法，是否需要其他数据提供帮助，如行业研究或者其他二手数据。

（3）如果顾客访谈最合适，确定向顾客询问的问题和得到的答案能够回答（1）中所设定的问题。

看上去简单吧？然而，如果满分是 100 分，现实中只有不多的企业能做到 80 分。

从过去 20 年我们所参与的顾客访谈及其对企业的影响来看，我们认为顾客访谈可以在产品开发过程的不同阶段进行，例如：

◎ 当不知道可以或应该做什么时，顾客访谈可帮助我们确定新机会。

你从对某一主题的普遍好奇开始，寻找规律，然后问“这到底是怎么回事”。顾客访谈对这类问题的回答特别有价值。收集信息后，对信息进行梳理，确定最常见的未满足需求。这种研究和分析有助于指出需要解决的有用问题。你的思考可能会产生一个假设，如“幼儿家长可能会非常重视一款能根据孩子的成长里程碑提供活动创意的应用程序”。然后，你可以进一步研究父母如何认知和纪念这些成长里程碑。

◎ 当对将要设计的产品有了一些想法时，顾客访谈可帮助我们完善和精细化设计假设。

当你已经有了一个设计问题，需要做顾客访谈充分了解背景，包括观察和描述研究对象的行为特征等，以确保你的设计是为了受众而不是你自己。你已经从“有什么好问题可以解决”转变为“有什么好方法可以解决我所发现的问题”。

◎ 当重新设计现有的产品时，顾客访谈可帮助我们确定添加和减少什么功能，或者新功能是否合适。

顾客访谈并不是只在产品开发早期阶段有价值。当你重新审视现有的产品或服务，你可能想找到附加功能或其他增强功能的创意，或者为你已经在服务的受众开发新产品。一旦有了潜在解决方案的想法，就可以对它们进行测试，以确保它们能正常工作并满足已确定的要求。在设计和开发过程中，你可以而且应该以持续和迭代的方式进行顾客访谈。

本书是将以上问题作为示例讲解顾客访谈。除了对设计和创新的帮助，顾客访谈还可以帮助我们找到以下问题的答案：

（1）为什么顾客会流失？

（2）如何让更多的人购买？

（3）如何留住顾客并让他们重复购买？

（4）人们是否愿意为一个产品付费？

（5）如何强化顾客体验？

（6）谁是我们真正的竞争对手？

（7）我们如何减少产品的售后服务次数？

不同类型的顾客适合不同的问题

顾名思义，顾客访谈就是去访谈顾客，但顾客的类型多种多样，随意去访谈的某类顾客，并不都能回答你设定的问题。我们通常会区别新顾客、流失顾客、满意顾客和非顾客，他们分别对不同的问题有不同的含义。

● 新顾客访谈

从一种产品转换到另一种产品需要耗费大量精力。同时激发人们做出改变和保持现状的因素有很多。通过发掘动机，你可以更好地理解并说出可能导致改变的原因。抓住这些原因，你就能赢得新顾客。

新顾客访谈对寻找营销创意特别有帮助，因为人们可能出于你没有意识到的原因而购买了你的产品。因此针对新顾客的访谈特别适合回答诸如“如何让更多的人购买”之类的问题。

我们建议访谈那些在过去1~3个月内开始使用新产品的人。如果你做得太早，比如1~2周之内，人们往往会认为这是一个推销电话，并产生很多疑问和负面联想。这里的目标是访谈那些已经开始使用产品的人，并且能深挖他们为什么开始使用我们的产品。如果访谈得太晚，那么人们对相关因素的记忆可能会模糊不清，对新产品已经形成了习惯。

- **流失顾客和满意顾客访谈**

人们通常能看到访谈流失顾客的价值。不过，最让人感到惊讶的似乎是特意访谈长期的满意顾客。与那些经常购买你的产品或每月付款而毫无怨言的满意顾客交谈，有时是一种精神上的享受。

对大多数人来说，与流失顾客交谈似乎很直观，因为你想知道如何才能让他们回来，或防止更多的顾客流失。就连比尔·盖茨也曾说，“对你最不满意的顾客，可以让你学到更多。”除了顾客支持（如安装、培训等）和销售环境，大多数公司从未与它们最满意的顾客交谈过。然而，他们恰恰是你的产品能够很好地满足使用需求的人。有时，人们不敢去问他们为什么满意，毕竟在大多数情况下，不满意的顾客声音更大，更能抢占人的注意力。

将更多时间花在流失顾客身上，而不是花在满意顾客身上，这就是损失厌恶的症状。损失厌恶是丹尼尔·卡尼曼和阿莫斯·特沃斯基首创的一个概念，是指人们宁愿避免损失金钱，也不愿获得同等金额的收益。[5] 从这个意义上说，损失厌恶意味着要花费更多的时间来阻止顾客流失，而不是将时间花在现有的满意顾客身上，从而试图找到更多有类似使用案例的顾客。

简而言之，损失厌恶是一种有害的声音，它会让你更多地关注不满意的人，而不是满意的人。这是一种正常的人类本能。如果你注意到自己有这样的行为，也没关系。修复错误是一回事，但改变产品以更好地适应某些人的使用场景却是另一回事。关注那些满意的人，也就是那些对产品所能带来的好处和产品使用方式满意的人，要容易得多，也快乐得多。

你越能在满意顾客访谈和流失顾客访谈之间取得平衡就越好，因为根据满意顾客的反馈、问题和见解采取行动，会使天平倾向于你的产品能更好服务的那些任务。满意顾客访谈做得越多，需要开展的流失顾客的访谈就越少，因为流失顾客的数量会越来越少。这样一来，满意顾客的访谈从某种程度来说几乎就是先发制人地“预防”流失顾客的访谈，因为它们会引导你去除产品上的某些特征，而这些特征吸引了一些不适合的顾客。

要了解哪些顾客有可能成为你的满意顾客，可以查看收入数据，并尝试与占收入前 8% 的顾客中具有代表性的样本进行交谈。这可以帮助评估你认为存在的顾客群和模式是否确实匹配，以及如何改进业务，从而更好地服务于最适合你的产品的人群。请相信，这些高价值顾客很可能会对你花时间与他们交谈感到意外而开心，并成为你的产品的拥趸。

- **非顾客访谈**

“非顾客”是指不消费特定产品的人，但他们依然有要完成的任务。例如，有糖尿病的人虽然可能不是某种胰岛素的消费者，但仍然需要控制饮食种类与数量来管理血糖水平。

实质上，排除成本、信息和渠道原因，非顾客可定义为顾客希望实现但是在现有条件下无法圆满实现自己目标的人。[6]他们的存在恰恰表明顾客希望看到哪些方面有所改进，以及他们认可哪些方面对自己的价值更重要。换言之，他们所希望的产品帮助他们实现目标的方式与现有产品不一致。

绝大多数企业都不会想到去访谈非顾客，最多考虑那些有意向购买某产品的人。非顾客完全在他们的视线之外。探索新思路的企业需要找出非顾客不消费的原因，并衡量自己克服这些因素的能力。

小　结

我们已经回答了本章的问题。经常做顾客访谈将为你的产品和组织带来无法计量的好处。

顾客访谈是一种研究工具，当然要为你正在进行的决策（目的）和要询问的内容（主题）服务。因此，确定要研究的问题是评估顾客访谈是不是潜在最佳解决方案的重要标准。顾客访谈特别适合回答“为什么”“是什么”和“怎么做”的问题。

但顾客也有很多类型，不同类型的顾客能回答的问题也有差异，这需要仔细分辨。

什么时候做顾客访谈

- 访谈为你最优先考虑、风险最大的问题指明方向
  - 把资源用在错误的方向上，导致巨大的浪费和机会的流失
  - 自认没有竞争优势，或者在竞争对手模仿你之前，没有发现自己的优势
  - 你在开发令你兴奋的功能，但实际上这些功能对你最重要的顾客来说并不重要
  - 你的产品没有反映出什么对你的顾客最重要
  - 你忽略了产品使用场景的一个关键方面
  - 你对潜在顾客的生活习惯和偏好判断错误
  - 你的产品、服务或系统可能会以你未曾考虑到的方式被滥用
- 一些问题更适合顾客访谈
  - 当不知道可以或应该做什么时，顾客访谈可帮助我们确定新机会
  - 当对将要设计的产品有了一些想法时，顾客访谈可帮助我们完善和精细化设计假设。
  - 当重新设计现有的产品时，顾客访谈可帮助我们确定添加和减少什么功能，或者新功能是否合适
  - 为什么顾客会流失？
  - 如何让更多的人购买？
  - 如何留住顾客并让他们重复购买？
  - 人们是否愿意为一个产品付费？
  - 如何强化顾客体验？
  - 谁是我们真正的竞争对手？
  - 我们如何减少产品的售后服务次数？
- 不同类型的顾客适合不同的问题
  - 新顾客访谈
    - 对寻找营销创意特别有帮助
    - 如何让更多的人购买？
  - 流失顾客和满意顾客访谈
    - 如何让流失顾客回来？
    - 如何先发制人地“预防”顾客流失？
  - 非顾客访谈
    - 现有产品为何满足不了他们，导致他们不消费？

练一练

（1）请回顾并写下你所在企业目前的产品优化/研发流程，并结合企业未来6个月的发展目标与当前的状况，写下产品优化/研发领域重点需要解决的一个问题。然后，将问题与流程相对照，看看是否存在需要改变和完善的地方。

（2）针对上述待解决的问题，想想应当寻找哪一类访谈对象。

注释：本图由 DALL·E2 协助制作。

第三章

建立顾客访谈的心智模式

你为什么要骗我

让我们一起先看一个访谈片段。

甲："嘿，哥们儿，我有一个创业想法，你方便听一下，帮我判断一下吗？"

乙："当然可以，说来听听。"

甲："你经常去健身，对吧？"

乙："是的。"

甲："好，我想开发一个 app，记录你每天的健身内容和运动量，为你推荐食谱和营养素，帮你更好地增长肌肉，保持健康。"

乙："这想法不错。"

甲："如果这个 app 收费，比如一个月一块钱，你觉得呢？"

乙："嗯，应该可以吧。"

甲："还可以帮你拉出购物清单，甚至可以针对你的运动内容，教你吃什么和怎么烹饪。"

乙："听上去不错。它能推荐健身动作、教我怎么健身吗？"

甲："可以啊，这个内容很容易添加。谢谢哥们儿。"

被误导的创业者甲在经过几次这样的对话后，越来越坚信自己是对的，找到了千载难逢的创业机会。他辞掉工作，将全部积蓄都投入到这个 app 的开发中。然而，正式推出后，面对无人问津的结果，创业者甲痛苦而茫然地想知道为什么没人使用他的 app。他甚至觉得委屈，自己在开发过程中一直精益求精，让 app 非常易于上手，怎么就没人知道它的好！

为什么你的目标群体不喜欢你的产品？

做错了比什么都不做要更糟糕。当毫无方向时，你会谨慎行事。但是，正如收集到一堆假阴性测试结果，你会无比相信自己是健康的。当自认有充分的证据证明方向正确，你会义无反顾地全情投入。

衡量顾客访谈是否有用的标准为：它是否能为我们提供有关顾客生活和世界观的具体事实。这些事实越具体详细，对我们的业务越有帮助。关键是从哪个角度来挖掘这些事实和如何看待这些事实。

在上述案例中，创业者甲在访谈中并未就乙现有的健身方式、饮食习惯、购物行为展开事实性、过程性了解，因此甲并不知道乙究竟为什么持续健身，怎样坚持和克服了哪些困难，以及还有哪些困难需要克服。如果创业者甲一开始抱有的想法是通过访谈客观了解人们开展健身的过程，而不是让受访者评估自己的解决方案，那么当他清楚地找到人们真正想要解决的问题时，他才获得了寻找解决方案的正确方向。

我们诚然可以直接告诉顾客访谈“怎样做”，但同样重要的还有“为什么”。记住“怎样做”固然能帮助行动起来，但理解“为什么”能改变你看待事物的视角，并发展出自己的“怎样做”。

那么，让我们先理解顾客访谈的心智模式。了解这些心智模式将帮助你构建关于顾客访谈的思路，并指导你思考要问哪些问题、如何提出后续问题、如何判断问题是否正确以及如何应用所学到的知识。

什么是心智模式

心智模式（也叫心理模型）是对事物运作方式的压缩。任何想法、信念或概念都可以提炼出模型。模型将世界浓缩成可以理解和使用的小模块。

就像地图一样，将所代表的那个地域浓缩成可以理解和使用的图形，它揭示关键信息，同时忽略无关细节。

进一步思考一下地图。即使是最好的地图也不完美，但它很有用。这是因为它是对所代表事物的还原。如果一张地图能够完美地表现地域，它就不再是还原，也不再有用。比例为1：1的地图无法指引我们去任何地方。英国小说家戴维·赫伯特·劳伦斯曾说，“在我们看来，地图比地域更真实。”[7]

让我们花点时间定义一下地图的含义——地图是对现实

的抽象。我们需要抽象的帮助。面对复杂现实，大脑也在绘制地图理解现实。我们处理复杂现实的唯一方法就是抽象。我们也许能看到 4K 视频中的世界，但我们无法处理所有细节。在抽象过程中，我们会失去某些信息。例如，为专业模特量身定做的 1 号礼服是否与拥有不同体型的人穿上后的效果完全吻合呢？绝对不可能！然而，即使现实生活中的体验很少与复制品相吻合，但有一个共同的心理模型作为参照系还是非常有用的。

在商业领域，心智模式指的是个人固有的参照系或经验，这些参照系或经验会影响个人对周围世界的感知，进而会影响他的行为。备受推崇的麻省理工学院系统科学家杰伊·福雷斯特提出，“人在任何时候都是根据他现有的（心智）模型行事的。”[8]

另外，当看到一种模型行之有效时，我们倾向于在所有情况下都应用这种模型，这会导致思维或判断出现错误。

如何减少这种错误？

最好的方法就是改变我们的视角。就像知道站在什么位置可以将一张普通照片变成一张好照片一样，改变你对某种情况的看法可以揭示关键信息，并提供新的解决方案。

将每种模式都看成是你观察世界的透镜。每个镜头都提供不同的视角，揭示新的信息。通过一种透镜，你可以看到一种事物，而通过另一种透镜，你可以看到不同的事物。结合这两种镜头，你会发现可以收获比单独透视更多的信息。而了解和掌握的心智模式越多，你就越可能看到别人忽略的东西，减少错误和采取更好的行动。

同样，顾客访谈也需要掌握一些心智模式。

顾客访谈的心智模式

本章所涉及的顾客访谈的主要心智模式以待办任务框架为核心。待办任务是一种概念化的方法，根据人们试图实现的总体目标以及实现目标的步骤和场景，来解释人们为什么“雇用”一个产品。具体可参见《待办任务（JTBD）：重塑产品创新和市场策略》一书。

我们不追求复杂、高深的模型，本章仅呈现几个足够简单但足够好用的心智模式。

• 每项任务都是一个过程

先思考以下三件事：

（1）洗衣服。

（2）早上做咖啡。

（3）计划一次度假。

大概率它们在你的待办事项清单上就是各自为一个任务，但事实上它们各自都是多步骤的综合体，都是一段包含多个环节的过程。这三件事情花费的时间不同，需要的工具不同，复杂程度也不同。你可能会根据自己的时间、参与人员以及当天的心情，以不同的方式完成这些任务。相比之下，这三个任务出现的频率也不同。洗衣服比计划度假频率要高得多，制作咖啡也比洗衣服频率要高得多。

根据具体情况，你可能愿意花钱购买一种产品，以简化或完全消除这一过程中的某个步骤。有时，人们需要解决整个流程，才能创造出别人愿意购买的产品。但由于即使是简单的任务也很复杂，因此只需让一个步骤变得更简单、更快捷或更便宜，就能帮助你打造正确的产品，进而建立和维护一个不断扩大、快乐的顾客群。

例如，洗衣凝珠消灭了相对琐碎的测量洗衣粉这一步骤。这个琐碎的步骤现在是一个 90 亿美元的市场[9]。胶囊咖啡也消灭了磨咖啡豆和决定用量这两步，仅仅 Nespresso 胶囊咖啡的市场规模在 2021 年就达到 173 亿美元，预计到 2030 年将达到 316 亿美元。[10]

在完成任务的过程中，人们不但愿意花钱解决经常出现的问题，人们更愿意花钱解决复杂、出错成本高的或在某些方面令人沮丧的问题。这个心智模式告诉我们，一个产品，通过帮助完成任务过程中的一个或几个步骤，让人们更快、更便宜或更容易地实现目标，那么就能提高顾客满意度并带来所有随之而来的好处（如更高的终身价值、更好的口碑等）。

这种基于过程的理解可以让你看到哪些步骤是经常性的和令人疼痛的。运用这样的心智模式会让产品研发成员对自己的设计充满信心，因为它是建立在理解顾客完成任务过程基础之上的。它向管理层保证成功的可能性。同样，你的顾客也会对使用你的设计充满信心，因为它与他们心中完成任务的方式相吻合。

注意到生活中的任务都是过程，将有助于你做顾客访谈。例如，你将知道在做顾客访谈的过程中需要关注他们的生活，而不是他们的观点；你将知道要挖掘他们过去完成一项任务的步骤和困难，而不是他们对未来的畅想。

练一练

下列提问或描述哪些是关于过程的，哪些是关于观点的：

（1）你喜欢红色还是白色的包装？

（2）请为我们演示一下日常你是如何使用洗碗

机来洗碗的。

（3）你觉得这个产品在使用过程中有哪些缺点？

（4）你觉得产品的这个功能能满足你的需要吗？

（5）对于真丝衣服，你现在如何清洗？

- **每个过程都是情境性的**

以制作咖啡为例。

每周只为客人做一次咖啡的人，可能会购买一套高档的咖啡机，以给客人留下深刻印象；因为他们的环境轻松，时间也不紧迫。相反，被报告递交日期压迫的顾客研究工作者，每天要喝多杯咖啡，因此可能更喜欢胶囊咖啡机，因为它快捷、高效。在周末悠闲地冲泡咖啡的人，在工作日紧迫时可能会选择胶囊咖啡。

不同的情境很重要，因为其蕴含了一些制约因素，会影响对解决方案的选择。

例如，我们早上刷牙不仅仅是为了去除细菌，而且还要保持口气清新、提神醒脑，让我们尽早进入状态。这个任务显然与晚上睡觉前刷牙——去除牙垢、防止蛀牙，有所不同。很明显，不同的场景有着不同的产品含义。

再例如，听音乐，但是在哪里听呢？什么时间听？单独听还是和谁一起听……情境要素的代入，让边走边听云音乐、在家听音乐和在剧场听音乐成为三个不同的任务。从产品角度来看，帮助顾客完成这三个任务的解决方案是不同的。

请注意，任务中的情境要素比顾客特征、产品特征、新技术和趋势更加重要。

这个心智模式代表了任务执行者所在的整个环境。情境描述了任务执行者的体验从哪里开始，在哪里结束，是否有不一样的目标。你肯定不会想把卡车司机的经验与轿车司机的经验混淆起来——这个区别显而易见。

不同情境是否需要单独的解决方案？如果它们有很多共同点，则可以采用共同的解决方案。如果没有，则需要不同的解决方案，每个解决方案都有自己的架构，与情境和限制条件相匹配。了解不同情境下完成任务的心理空间的差异将使产品设计方向更加清晰。

理解任务情境性的影响和作用，也将有助于你做顾客访谈。例如，你需要关注任务发生的时间和环境这些具体细节，而不是泛泛而谈。细节和过去相关，而不是和未来相关。

练一练

想一想在下述场景中你的关注点会有哪些差异：

（1）考虑晚饭做哪些菜：夏天和冬天。

（2）用洗衣机洗衣物：内衣和床单。

（3）上班通勤：地铁和自己开车。

- **每个任务都有功能、社会和情感三个维度**

一个任务，无论是买车还是煮咖啡，都不仅仅是功能性的，其中还有复杂的社会因素（还有哪些决策者参与其中？）和情感因素（完成过程中的步骤会给他们带来什么感受？）。这些因素共同决定了人们可能会考虑采用哪种解决方案。

任务通常有三个不同维度：

（1）功能维度。

（2）情感维度。

（3）社会维度。

还是借用制作咖啡的例子。有人研磨咖啡豆可能是因为他们想使用特定的研磨质地（功能维度），他们觉得自己付出的努力能带来更美味的咖啡（情感维度），他们喜欢与同事分享咖啡（社交维度）。

另一个人可能会选择胶囊咖啡，因为他们早上压力很大（情感维度），同时还要给孩子做早餐（社会维度），这就导致他们希望制作咖啡的过程越简单越好（功能维度）。

尽管这两个人都在实现同样的目标（在工作中充满活力），但他们的功能、情感和社会要素组合不同，导致了不同的基本过程和工具选择。访谈将帮助你发现这些过程的维度和隐藏的目的，进而制造出能更好地满足不同维度需求的产品。

这些维度也适用于奢侈品。一个人购买一块手表，可能是因为终身质保和做工，然而他也寻求给其他人留下深刻印象，并觉得自己工作辛苦，值得拥有。

这个心智模式描绘的是顾客感受的整体——而不是专注于某个方面，如功能或工具——它代表了顾客对整体体验的看法，即我们要关注解决方案的“整体体验”。当你一开始就抱着制造一件东西的想法时，就人为限制了你所能提供的产品……产品只是作为满足顾客需求的必要工具，体验才是我们提供的产品，也是顾客唯一关心的事情。

用户界面工程创始人贾里德·斯波尔写了一篇关于苹果和 SanDisk MP3 播放器整体体验的比较文章。[11] 他写道：“SanDisk 并没有创造出苹果所创造的东西：一种聆听美妙音乐的强大顾客体验。虽然在技术上可能存在缺陷，但 iPod 将播放器硬件与 iTunes 软件、iTunes 音乐商店服务、苹果专卖店的销售和支持以及苹果品牌带来的声誉结合在一起……SanDisk 如果只专注于硬件工程，就无法与苹果竞争。关注顾客互动全过程并在大多数情况下都能做到这一点的企业，才能赢得关注和忠诚。”

理解了任务的三个维度，将有助于你做顾客访谈。例如，挖掘人们完成每个任务的情景和步骤，以及这些维度的特定方面，可以帮助我们发现产品创造、营销、定价等方面的机会。

练一练

想想以下这些企业的商业决策希望满足人们关于任务的哪个维度？

（1）星巴克在上海开设的前滩旗舰店里采用回收材料制作桌椅。

（2）茶饮企业喜茶推出双人套餐。

（3）抽油烟机生产企业推出新品类抽油烟机，能自动和炉具联动。

在顾客访谈中使用心智模式

记得在序言里提到的同理心吗？简单说，就是走进顾客的世界，从顾客的角度理解他们的决定和行为。

没有顾客能直接说出他要完成的任务需要经过一系列步骤、有三个重要维度、受到情境和条件制约，但每项任务的确是一个多步骤的综合体，需要通过多个滤镜看待。这些心智模式是通过无数的顾客访谈和接触，由我们所在领域受人尊敬的专家和学者，经过很多年思考，总结和归纳得出的，同时，我们在实践中，不断亲身体验着它们的可贵价值。它们为理解顾客决策和行为提供了基本框架，并为顾客访谈提供了问题判断标准。

例如，请判断以下问题出现在访谈中是否合适：

（1）“你认为这是一个好创意 / 好产品吗？”

（2）“你会不会购买一个有 ×× 功能的产品？”

（3）“你的理想产品是什么？”

（4）“能给我讲讲上次发生了什么吗？”

（5）“你还尝试做过什么？”

（6）“你为什么要这么（费劲地）做？”

（7）“在不同的场景下，如 ××，你会以同样的方式处理这个问题吗？”

（1）是一个很糟糕的问题。这个问题出现在本章起始访谈片段中。只有市场才能证明你的创意是否好，其余的都是观点。人们不对你的创意负责，人们只负责自己的生活。因此，你可能需要询问的是人们如何完成你的产品设定要完成的任务，在完成任务的过程中人们喜欢什么、痛恨什么，他们尝试过哪些工具，症结在哪里，等等。

（2）也是一个不合适的问题。它也出现在本章起始的访谈片段里。你在向那些想让你开心的人征求意见和假设。对这样一个问题的答案基本上都是“会”或“可能会”，毫无意义。询问他们目前如何解决相应的问题，解决该问题花费了多少钱、多少时间。如果他们还没有解决该问题，询问他们为什么还没有，他们是否曾经寻找过解决方案。

（3）本身不是一个好问题，因为其本身不会带来多少帮助。但是，如果你准备深入挖掘下去，那么这可以是一个好的开始。真正的价值来源于理解人们为什么想要这些功能，如何使用这些功能，在哪些情景下使用，而不是仅仅收集人们的想法。人们想法背后的驱动因素和制约因素非常关键。本章起始访谈片段里乙提供了一个想法，但甲却没有继续深究其背后的原因。

（4）是一个好问题。通过了解他们的任务完成流程，可以一举回答许多问题：他们如何完成任务、使用什么工具？他们的任务有哪些限制？你的产品可以和哪些工具、硬件、软件等整合？

（5）也是一个好问题。有一次我向受访者询问关于一个新产品的使用，他兴奋地说，“这个问题经常发生，我肯定会购买能解决这个问题的产品。”这是一个不需要任何投入支持的未来承诺，所以我需要了解它是真是假。“能跟我说说你上次是怎么处理这个问题的吗？”他茫然地看着我，于是我又向他点了点头。最后我发现他从来没有上网搜索过这个问题的解决方案。简而言之，这是他说他一定会花钱解决的问题，但通过提问细节，我发现他甚至不屑于去寻找解决方案。让人对问题产生情绪很容易，只要你语言到位。但是，他是否真的在乎解决该问题才是关键。

（6）是一个好问题。我喜欢这种问题，因为它能帮助我们从感知的问题深入到真正的问题，这一点非常重要。这样的问题指向了他们的动机。它能告诉你为什么。

（7）是一个好问题，这个问题探索在不同的场景下，当限制条件或环境发生变化时，这个问题是否还是困扰。如果是，那么还是以同样的方式解决吗？如果解决方式发生改变，那就是指向问题的某些特征不一样，这对我们理解问题和开发相应的功能有巨大帮助。

现在，你应该能更好地理解心智模式的作用了，它们的的确确改变和丰富了我们已有的看待顾客决策和行为的视角。

练一练

请尝试为创业者甲设计3个访谈乙的问题，请注意运用本章所介绍的心智模式。

小　结

当需要发现市场机会，当需要将组织转变为一个更加关注顾客体验的实体时，你需要一个强有力的工具。在过去几十年里，公司的工作模式发生了转变，开始奉行“顾客至上”的理念，但却不太掌握相关方法和词汇。我们认为顾客访谈是一个人人都可以掌握的便利和有意义的方法。

学会顾客访谈首先要掌握相关心智模式，因为没有能与顾客共鸣的心智模式，就无法与顾客真正交流，无法从顾客的心声中汲取对我们产品和业务有价值的信息。与顾客共舞，首先要掌握顾客在生活中常跳哪些舞步，还需要能听得懂音乐的节奏。在此基础上，练习、练习、练习。

从顾客访谈的过程来说，拥有正确的心智模式也是我们作为主持人能不被大纲束缚、自由自在地畅游在与顾客对话中的前提和保证。

你需要将这些心智模式植入脑海中，让其成为你思维的一部分。

但需要提醒的是，心智模式只是使用的工具，无论是铁匠还是商人，找到最好的工具，并在必要时创造新的工具完成工作，应该始终是每个人的目标。使用心智模式，但不要受限于现有的心智模式！

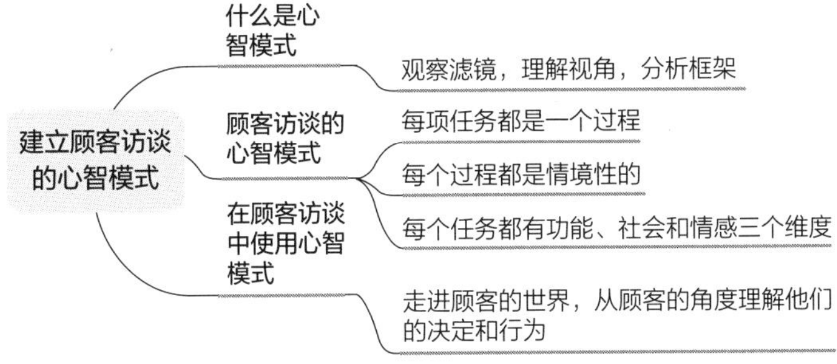

练一练

也许你曾经试过问别人是否会买你的产品，或者问他们对某产品的看法，但你并没有得到什么有价值的信息。访谈可能会出现的最糟糕的情况是，对方觉得尴尬，而你觉得浪费了20分钟。因此，对访谈感到紧张是正常的。

对你有帮助的是在一个良好的、低风险的环境来练习访谈技能，并了解在这种不寻常的“社交场景”里对话是如何进行的。在一个平静的环境中，你可以学习如何挖掘细节和揭示过程，而不会有冒犯顾客的风险。

本书的任务就是为读者提供实践中屡试不爽的问题，并帮助读者通过能获取有价值信息的方式来提问。这个练习将帮助你克服访谈起步阶段的障碍。

做这个练习时你需要一个伙伴，与你关系松散的人或陌生人都是很好的合作伙伴。例如，偶尔在微信上联系但现实生活中并不认识的人，不同部门的同事，朋友的室友或伴侣的朋友。总而言之，彼此认识但不熟悉的人是比较好的人选。

关系密切的朋友或家人并不是好的人选，因为你可能对他们的心理和购买习惯有一定的了解，而且他们可能会对分享太多信息有所顾忌。

在本练习中，你将使用一个我们提供的访谈大纲来了解他们尝试新产品的原因。你将询问他们购买新产品的原因。你要问他们买了什么新东西。关键在于：1）应该是他们自己购买的东西；2）应该是新购买的东西（即不是他们经常购买的特定产品）。这些东西可能是他们以前买过但品牌不同的产品，或者是他们以前从未买过的产品类别。

为此，你需要：

（1）一个大纲。

（2）访谈对象。

（3）15~20分钟。

（4）录制采访的方法。

你需要倾听的是：

（1）该产品为他们解决的根本问题是什么？

（2）他们遇到这个问题的频率如何？

（3）他们以前是否花钱解决过这个问题？他们

使用的是什么产品？

（4）他们在这个问题上花费了多少时间？

（5）这个问题对他们有多重要？

（6）如果他们没有解决这个问题，或者解决得不好，会有什么后果？

（7）还有谁参与了决策？

你需要从以下几个方面来探究问题和决策过程：

（1）功能维度（即产品解决的实际问题）

（2）情感维度（如果问题得到或没有得到解决，他们会有什么感受，以及他们对新解决方案的感受）

（3）社会维度（他们在购买前后是否与他人谈论过该产品，该问题的解决是否影响了自己与他人之间的态度和行为）

该练习使用的大纲如下：

（1）感谢您抽出时间与我交谈，这对我的工作会有很大的帮助。我可以录音吗？

（2）你能告诉我你最近一次购买的产品吗？这个产品是你以前从来没有购买过的。

（3）你在哪里购买的？

（4）买的时候你和别人在一起吗？

（5）你是如何购买的？

（6）在购买之前，你对它有什么疑问吗？

（7）你最初是从哪里了解到该产品的？

（8）第一次接触该产品时，你做了什么？

（9）在购买之前，你是否与其他人交谈过？

（10）你希望该产品能为你做些什么或解决什么问题？这些问题来自哪里？

（11）在此之前，你还尝试过其他什么产品或方案吗？那些产品没有达到你的期望吗？

（12）第一次使用它时效果如何？

（13）你能告诉我它是否达到了你所希望的效果吗？

（14）你会再次购买这款产品吗？

注释：本图由 DALL·E2 协助制作。

第四章
顾客访谈的后勤工作

序幕

他俩适合吗

第二章开头提到的那位食品公司的朋友听我介绍完顾客访谈的价值后，就急着催下属：赶紧针对老产品为什么销售下滑开展顾客访谈。问题是找谁做访谈好呢？这家公司产品部的同事都犯了难。最后，一位同事表示："我有个常常一起玩的朋友，记得有一天他和我说我们的产品不好吃。要不，我约他做一次访谈？"我的朋友眼前一亮，觉得可以。万一能得出来点结论呢，总比什么结论都没有强。

接着，另一位同事也说："可以访谈我弟弟。他在本地大学读书，平时一直买竞争对手的产品。我来约，老板你放心，这周一定会安排好的。"

我的朋友行动力很强，不到半天就约好了这两位受访者。

但，这两位都是合适的访谈对象吗？

任何曾经粉刷过房间的人都非常清楚，在刷漆前需要花费大量的时间做准备工作——你必须用胶带封住窗户和装饰物，移动家具，铺上遮蔽布，等等。有时，我觉得这些准备工作既乏味又没有回报（想赶紧看到油漆上墙！），但我也从经验中知道，所有的准备工作都会对油漆上墙的质量和效果产生巨大影响。同理，访谈顾客也需要做大量的准备工作，包括确定访谈对象、编写甄别问卷和招募访谈对象等。因为只有完善的后勤工作才能保障你的实地访谈工作能够顺利进行，而花在制订和调整计划上的时间会给你带来巨大的回报。

访谈对象是谁

一旦确定了访谈目的，那么大致上你就明确了访谈对象。

如果想开发新产品，访谈对象有以下四种：

（1）非（品类）顾客。

（2）那些在产品使用上展现不同模式的顾客。

（3）那些虽然使用“竞争产品”或你的产品但对解决方案不满意的顾客。

（4）那些别出心裁将你的产品用在你从没设想过的任务上的顾客。

如果需要全面掌握你的产品会被购买的各种理由，访谈对象应为购买你的产品的顾客。

如果需要深入了解顾客为什么会抛弃或减少使用你的产品，访谈对象应为刚离你而去的顾客。

如果需要显著提高新客获取率，访谈对象应为刚刚获得的顾客，或者你的长期满意顾客。

有时候，即便你选择了某个群体，但该群体本身仍然非常广泛，这时你可能需要从中选择某些细分群体去做访谈。如果要做这一步，问自己下面几个问题：

（1）他们为什么想要 / 不要我的产品？

（2）是群体中的每个人都有这种动机，还是只有部分人有？

（3）还有哪些其他动机？

（4）还有哪些类型的人有这些动机？

（5）哪些人已经在做什么来实现他们的目标或解决他们的问题？

（6）哪些人采取过变通行为？

可能你对上述问题也没有准确答案，但做一些猜测和桌面研究，以进一步确定有哪些群体、选择哪些访谈更符合我们的目标。

访谈对象要有多少个

关于访谈对象的数量，我们认为10~20个是比较合理的数字。虽然20人以上的访谈也不错，毕竟更多受访者意味着对结论有更多支撑，也会让我们对研究发现更有信心，但超过一定人数后，不仅边际收益会下降，预算要求也变得很高，对企业并不是一件高性价比的事。

那么如何保证数量相对比较少，又能有足够多的产出呢？确保受访者有合理的多样性。我们需要受访者群体尽可能具备“相关的”多样性，即找到那些和目标行为相关的变量，并在这些变量上寻求差异化。

在一个案例中，我的客户，一家婚介公司，认为人口统计因素对利益相关者很重要。除了性别和相对均匀的地域分布外，我们认为那些已经走出大学校门且在现实世界中经历过几年约会的人、那些有明确约会目标的人以及那些有对象（恋爱中）的人，都有不同的行为模式。因此，我们希望在人口统计因素的范围内，对不同群体的访谈都有足够的数量。

与研究目标一样，这些标准应与项目团队共享并反复讨论，以便各方达成一致。此外，统一这些标准可能需要大量时间。当团队自问谁是他们的顾客（或潜在顾客）时，这个问题会暴露出你平常看不到——伪装成事实的假设、愿望和集体幻觉。你应该尽可能巧妙地解决这些问题。例如，在一项以运动服装网购为主题的研究中，我们花了四周时间（原计划是六周的项目），在不断增加的项目相关者中积极商讨要研究的顾客基本原型。这是一项艰巨的工作，但对于开展后续工作至关重要。

根据过去 20 年的访谈经验，我得出结论，在访谈某个群体的第四个人后，你会听到同样的任务和理念。因此，我建议每个群体至少需要四个人。在连续访谈过程中，我会注意是否从每个新人那里听到了相同的内容。如果没有，我会要求从某个群体中再招募 1~2 人。

注意不要过度规定你的人口统计要求。除了受众细分界定的行为之外，只选择你认为会对行为产生影响的内容，尽量依靠受众群体本身进行最大限度的区分。

练一练

请思考一下，序幕里被同事们推荐的两位受访者是否合适？如果不合适，问题出在哪里？

编写甄别问卷

根据确定的受访者标准，下一步是制作一份名为“甄别问卷”的文件。这很像用于对潜在受访者进行资格审查。它包括多种问题类型（是 / 否、多项选择和开放式），并利用回答引导问题的流程。这些问题可以识别出优秀的参与者，并过滤掉那些会浪费你时间的人。

不匹配的受访者就像糟糕的相亲对象一样明显。他们的注意力飘忽不定，会扯一些无关的话题，甚至还会前言不搭后语。顾客访谈是要从与顾客的对话中学习，但如果访谈的顾客不对，那么访谈质量和输出就无从谈起。

编制一个好的甄别问卷，你和团队需要回答以下问题：

（1）你寻找哪些具体行为？行为是筛选的重中之重。即使正在设计一个你认为完全新颖的东西，当前的行为也决定了你的设计是否有机会与参与者相关并让他们理解。例如，如果你正在为骑自行车的人设计一款产品，那么你应该访谈骑自行车的人，而不是那些喜欢自行车并希望有时间骑车的人。

（2）受访者需要什么程度的技能和产品（权限）？对所需技能和舒适度的要求要切合实际。如果受访者需要某些设备或途径，请务必提及。例如，要对一款基于苹果系统的 app 进行重新开发，你需要足够熟悉苹果手机的人分享他如何使用该 app。否则，你可能最终只能看到受访者如何使用苹果手机，却得不到任何有用的信息。

（3）他们需要什么程度的主题知识（领域知识）？如果你确实是在一个人们熟悉的领域为普通大众群体设计东西——如阅读新闻，你就应该核实他们是否真的做了你所询问的活动，但你不必筛选关于新闻的知识。如果你在开发帮助人们修理汽车的应用程序，那么就需要对他们的汽车知识进行筛选。

编写甄别问卷可以很好地测试你对目标受访者的同理心。为了获得可靠的结果，你需要筛选出合适的潜在受访者，过滤掉不合适的人选，并防止“职业受访者”试图读懂你的想法以获得访谈礼金。即使是 100 元也会吸引那些没有道德底线的骗子。因此，要将实际测试的内容含糊其辞，并尽量将甄别题目设计为中性。

例如，你为一家电影院设计服务，你可以问以下问题：

你参加下列活动的频率如何？（几乎不参加，最少 1 年 1~2 次，1 年 3~4 次，每月不到 1 次，每月 1 次，每月 2 次或以上。）

（1）远足徒步。

（2）去游乐园。

（3）参观博物馆。

（4）去电影院观影。

（5）听现场音乐会。

（6）周末郊野露营。

这个问题有两个目的：它在不泄露研究主题的情况下测量外出观影的频率，并提供了一种评估一般性外出习惯的方法。

同时，你应该尽量缩短甄别问卷筛选的时间，以减少潜在受访者还没看到最后就放弃的可能。

确定了甄别内容后，我都会以调查问卷的形式编写甄别问卷。我在甄别问卷的开头写了一段话，招募人员在联系某人时可以对着电话背诵这段话：

> 你好，我代表 ×× 公司，如果你参加一项有关 W 的研究，我们将赠送你一张价值 Z 元的礼品卡。我们现在正招募人员参加一小时左右的入户访谈。如果你对此感兴趣，我想问几个符合条件的问题。以下问题有助于我们找到符合我们感兴趣的特征的参与者。

然后，我在电子表格中设置一系列筛选问题，每行一个。在随后的列中，记录候选人的答案。如果候选人对问题的答案满足设定要求，那就在电子表格中内容的最右列记录“1”，最后计算该列的合计数。如果候选人的分数超过门槛，那么她就是一个合格的受访者；如果没有超过门槛，或者在一些硬性标准上不符合要求，那么就将其忽略。

最后，我需要确保每位候选人都能在既定时长的谈话中轻松地完成自己的任务。我希望与每位候选人进行自然对话。因此，我会在每个甄别问卷中添加一个开放式的“随笔”问题——要求回答的别出心裁，并请候选人说上几句话。例如，我曾用过这样的问题：“如果你赢得了 10000 元，你会用它做什么？为什么？”如果潜在受访者难以回答，或者使用简短的反问句，那么我相信随后开展的访谈不会顺利。

因为我们需要访谈过程的记录，所以需要提前询问候选人是否允许录音。然后，招募人员会询问候选人在访谈的一周内是否有时间。如果候选人符合我们的要求并有时间，招聘人员就可以安排访谈时间。

请注意，我可能在同一天安排两个访谈。我通常要求招募人员在两次访谈之间给我留一段时间，时间长短取决于访谈形式。这样，如果访谈超时或者开始晚了，我就有额外从容应对的时间。此外，也需要给自己留足适当的路程时间。

你可能需要准备另一份“日程安排”信息表，列出受访者的详细信息：姓名、联系信息以及确定的访谈时间。而在其他任何地方，包括记录稿本中，受访者都以 ID 编号来称呼。这是为了保密性，毕竟在任何情况下，你都不能传播他们的真实姓名。不过，由于 ID 编号太难记，我和我的团队通常会给每位受访者起一个昵称，这样就可以更容易地称呼他们。

招募受访者

寻找受访者，又称招募，是准备访谈的关键部分。良好的招募工作可提高顾客访谈的质量。但有些团队在这方面却非常随意，他们依赖亲朋好友，或者更糟糕的是，在街上或商店里获取一些几乎没有经过筛选的受访者。走捷径固然诱人，但时间一长就会变成一种不良做法。

你需要尽可能优秀的受访者。受访者的优秀程度很大程度上取决于他们是否能代表你的访谈目标。如果受访者不符合你的目标，研究将毫无用处。你可以通过向正确的人提出错误的问题来学习一些有价值的东西，但糟糕的受访者会破坏你所做的一切努力。

高质量的受访者有以下四个基本特征：

（1）与目标顾客有着共同的关注点和行为特征。

（2）能体现目标顾客的关键特征，如年龄或角色。

（3）能清晰地表达他们的想法。

（4）与目标顾客一样熟悉相关技术或产品。

从理论上讲，招募就像捕鱼。决定你想要什么样的鱼，做一张网。然后到有鱼的地方去，往水里撒一些鱼饵，捕你想要的鱼。招募其实并没有那么神秘。但在实际操作时，招募是一件费时费力的麻烦事。招募做得好，你所有的顾客访谈工作都会变得更快、更容易，而且在这个过程也会减少不愉快的事情发生。

有几种招募方法。你可以在网站上使用弹出式窗口吸引参与者，或者你将招募信息发布在微信公众号、小红书和其他高流量的网络平台上。有些企业有顾客名单，可从中挑选顾客。你也可以建立一个电话号码数据库，然后给每个候选人打电话。你可以让销售代表去找人。到任何允许发布信息的地方，让你的目标受访者看到你的信息。使用每种方法都有各种原因，也有各自的优劣势。[12]

最重要的是，我建议你设置专员负责招募你不认识的人。即使你有一个庞大的姓名数据库，但如果没有专员可以给他们打电话，问他们甄别问题，招募也不可能完成。请充分估计招募的工作量：如果你需要 16 位受访者，这项工作可能需要一个人每天工作 8 小时，连续工作 8 天。

如果企业不想设置专员，那么在招募受访者时，建议你使用能提供全面服务的专业市场调研机构。从一开始，他们就会对筛选条件进行仔细解读，找出缺失的要素，并核实不清楚之处。在招募过程中，他们每天都会提供最新信息（即使还未找到合适人选），并指出任何通常会淘汰优秀受访者的标准，以备你进行调整。优秀的招募人员会与受访者建立初步的友好关系，让他们对招募过程感到舒适并产生热情。招募人员还将协助你制定舒适的日程安排，为驾驶时间和交通高峰期留出时间。根据招募的复杂程度和难度，招募的费用会有所不同。请注意，这是他们寻找和安排受访者的费用，与你支付给招募者的礼金是分开的（稍后详述）。

虽然专业招募机构的项目经理非常理解你希望开展深入的访谈，但这种理解有时并不会传导到那些具体打电话甄别受访者的执行人员，导致甄别员无法判断招募的人是否合适。因此，有时，直到访谈进行了 10 分钟，你才发现这个受访者不合适。当你决定缩短访谈时间并要求替换新人时，你需要理解，替换新人也要收费。

如果希望使用自己的方法（如弹出式广告）招募受访者，那么你需要一两个平台（出于多样性）作为弹出式招募的基础。然而，这个基本前提可能不容易实现。也许你没有或不应该使用自己的对外平台寻找候选人。在这种情况下，就必须协商使用其他平台作为基础。此外，还有一个问题，如果你的激励（如现金数额）很有吸引力，候选人就会异常狂热地进行自我选择，也就是说，为了进入你的名单，人们会在甄别问卷上撒谎。你可能需要创建一个二次甄别机制，通过电话询问这些候选人，仔细辨别真相。有一次，当我需要访谈大学毕业 2~5 年的毕业生时，我至少得到了四位刚刚毕业的参与者。毕竟在访谈过程中，当参与者对自己所说的话不那么有戒心时，真相才会浮出水面。

礼金 / 激励品

合适的礼金金额取决于你在哪里开展研究以及对受访者的要求。如果使用专业招募机构，他们可以提供推荐的礼金建议。不要将礼金看作补偿，而应看作热情参与的感谢。请注意，在职业场合（受访者的工作场所），直接给予受试者金钱奖励可能并不合适，因为这可能会被受访者的公司所禁止。

你可以让专业招募机构处理激励事宜。只需支付一定的手续费，他们就会在访谈结束后将礼金发给受访者。（当然，你应该与他们保持联系，确保他们及时采取行动。）不过，为了表达我的谢意，我更喜欢在访谈结束后立即给受访者一个现金信封。无论如何，都要确保受访者提前知道他们什么时候会得到奖励。如果你亲自递送奖励，可以不使用普通信封，而是附上一封感谢信。例如，一家大型金融机构的实地调研员考虑到受访者也是顾客，因此在激励措施中额外加入了印有公司标志的小礼物（一个印有公司标识的杂货袋，里面装有一个铝制水瓶和一个可重复使用的午餐袋）。

小 结

要成功地开展实地访谈，需要做大量的准备工作，也许准备工作之多令人吃惊。我不建议在没有做好成功准备的情况下贸然开展实地访谈。在统一认识、制订计划和后勤工作方面所付出的努力，会为你自己、利益相关者和参与者带来高质量的体验，并为收集到的见解带来巨大价值。

你可广泛考虑并具体选择你想要的受访者类型。但要将其视为一种假设，必要时调整方法。无论哪一种受访者类型，都要能为研究目的做出贡献。

通常，10~20 个受访者对一个基本研究问题而言就足够了。其中，每一种类型的受访者建议 4 个。我们一直都建议访谈需要迭代，不要一下子做很多。后面的访谈数量和受访者类型，如有必要，可逐步调整。

编写甄别问卷是保证受访者基本质量的一个重要手段。没有十全十美的受访者，我们需要在各项因素中权衡。

招募受访者是一个烦琐的过程，要在项目计划中留出寻找合格受访者的时间。这通常需要花费较多的精力，但这是访谈顺利的基础。

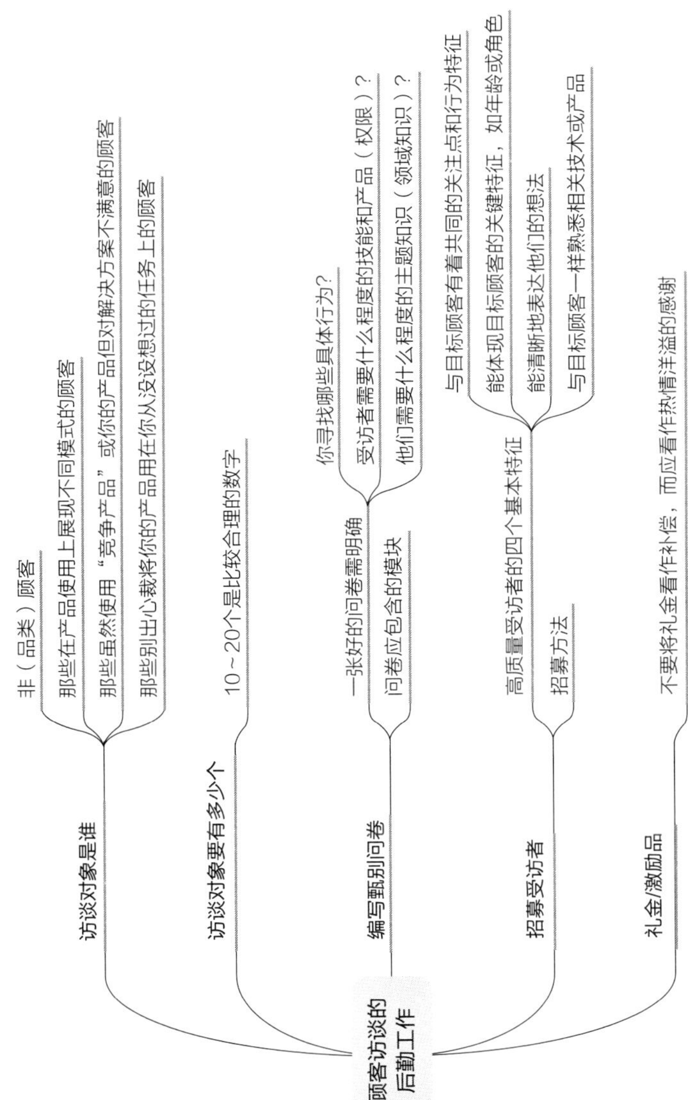
顾客访谈的后勤工作
访谈对象是谁
非（品类）顾客
那些在产品使用上展现不同模式的顾客
那些虽然使用“竞争产品”或你的产品但对解决方案不满意的顾客
那些别出心裁将你的产品用在你从没设想过的任务上的顾客
访谈对象要有多少个
10～20个是比较合理的数字
编写甄别问卷
一张好的问卷需明确
你寻找哪些具体行为？
受访者需要什么程度的技能和产品（权限）？
他们需要什么程度的主题知识（领域知识）？
问卷应包含的模块
招募受访者
高质量受访者的四个基本特征
与目标顾客有着共同的关注点和行为特征
能体现目标顾客的关键特征，如年龄或角色
能清晰地表达他们的想法
与目标顾客一样熟悉相关技术或产品
招募方法
礼金/激励品
不要将礼金看作补偿，而应看作热情洋溢的感谢

练一练

请根据本章内容将之前列出的受访对象进行调整，并制定一份招募甄别问卷，然后思考一下应在哪些渠道招募受访者。

本章附录　甄别问卷问题类型模板

模块	具体问题
基础甄别问题	1. 所在城市 2. 性别 3. 年龄 4. 过去 6 个月是否接受过访谈 5. 工作所在行业 6. 是否本地居民 7. 学历 8. 收入

（续）

模块	具体问题
核心甄别问题	1. 是否拥有某些产品 2. 目标产品购买时间 3. 是不是购买者 4. 是不是使用者 5. 目标产品使用频率或时长 6. 相关行为习惯 7. 是否具备特定知识和技能
背景资料问题（我们假设产品和所居住房屋相关）	1. 房屋类型 2. 房屋面积 3. 上一次装修时间 4. 房屋常住成员 5. 目前具体职业
拓展问题	你选择的下一次度假目的地是哪里？为什么？

注释：本图由 DALL·E2 协助制作。

第五章
制作访谈大纲

序幕

这该如何是好

我曾经作为咨询者参与了一个顾客访谈项目。其中，我观摩了顾客访谈的主持人和我的客户团队讨论访谈大纲。客户团队在看了主持人准备的访谈大纲之后，异口同声地说版本颗粒度太粗，要加这样和那样的问题。于是，主持人请每个人都写下自己想问的内容。没想到，众人合力的版本居然有八九十道问题。如果拿着这样的大纲进行访谈，即便主持人不去追问，时间也不够用。主持人认为要删除一些问题，但客户团队看来看去，对每个问题都希望能从顾客那里找到答案，哪个问题也舍不得删除。

正僵持之际，客户团队中有一位同事又提出疑问："这次访谈的对象，有的买过我们的产品，有的没买过，那么我们的问题需要有差异吗？如果是这样，是不是应该准备不同版本的大纲？"

啊，这该如何是好？

一旦确定了要与谁交谈以及要了解什么情况，就可以编写访谈大纲了。这是你在访谈时应该随身携带的文件，以确保你能紧扣主题并获得所需的全部信息。

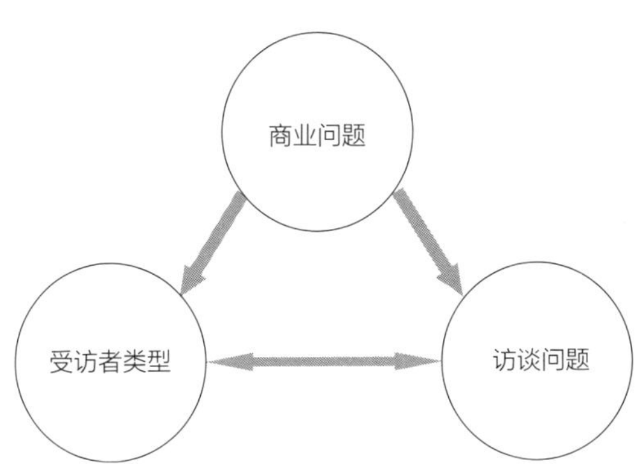

商业问题、受访者类型与访谈问题的关系

通常，商业问题决定了受访者，同时也决定了所需要询问的问题。受访者类型与访谈问题则相辅相成，将本来针对新顾客的问题用在老顾客身上不会产生有价值的收获。

访谈大纲通常包含：

（1）研究目标和描述：这通常是给你用来和受访者分享的信息，也用来提醒你紧扣主题。

（2）受访者条件：这些都是为了将受访者与研究目标关联起来。根据访谈目的，我们设置一定的受访者条件，通常包括年龄、性别、收入、拥有的产品、行为习惯等。

（3）破冰或热身问题：大多数人都知道这是闲聊。请根据人口统计信息或现场特点，自由发挥。

（4）访谈主体问题：这是大纲的主体，与顾客类型相关。

你还应收集一些关于要讨论的主题的背景资料，特别是如果你不熟悉某一领域时。

访谈大纲结构

<table>
<tr><th>模块</th><th colspan="2">问题</th></tr>
<tr><td>研究目标和描述</td><td colspan="2"></td></tr>
<tr><td>受访者条件</td><td colspan="2"></td></tr>
<tr><td>破冰或热身问题</td><td colspan="2"></td></tr>
<tr><td rowspan="3">访谈主体问题</td><td colspan="2">起始阶段问题</td></tr>
<tr><td>主体问题</td><td>以“发现”为目的的主体问题
新顾客访谈主体问题
老顾客访谈主体问题
流失顾客访谈主体问题</td></tr>
<tr><td colspan="2">结尾问题</td></tr>
</table>

访谈主体：松散连接在一起的三块内容

访谈有三幕，就像一出戏，包含：起始、主体和结尾。

- 起始阶段的介绍

微笑着介绍自己，对受访者抽出时间与你交谈表示由衷的感谢。描述谈话的目的和主题，不要过于详细，以免影响对方的答案。解释将如何使用和共享本次访谈所获得的信息。对于要记录当前的谈话内容，征得他们明确同意。询问受访者对即将展开的整个访谈或流程是否有任何问题。

（1）你好，我是 ×××（做个简短自我介绍）。谢谢你今天花时间与我们交流。我们很高兴。在我们开始之前，我想问问你是否有任何疑问？

（2）在我们进行之前，你介意我们录音吗？能录音的话，我就可以全神贯注地听你讲话，不用在整个过程中一直潦草地做笔记了。录音我们会保密。

接下来是需要核实的人口信息。将收集到的这些信息作为让双方熟悉和进一步交流的基础。

- 主体问题：因主题不同而不同

一旦你完成了寒暄和热身，就该进入主体访谈环节了。

如果访谈对象非常健谈，你可能不需要直接问更多的问题，就能得到你想要的答案。如果访谈对象没有就某个话题提供足够的信息，可以提出一个追问或澄清性问题。具体访谈技巧将在后续章节覆盖。

这一部分的具体问题因主题不同而不同，我们将在下一节展开。

- 结尾问题

一旦你得到了想要的信息，并且希望得到更多信息时，就可以缓缓过渡到总结。比如："我的问题问完了。关于我们讨论的内容，你还有什么想告诉我的吗？"这个问题应当是你完成了主体问题，感觉自己的访谈时间已经差不多时，即可抛出。

当你出门时，可以说以下几句话：

（1）再次感谢与我们交流。

（2）有没有其他人我们应该访谈？

（3）如果你答应给一份礼物（无论金钱还是非金钱）则要说明：我们有一份礼物，可以和我们确认一下快递地址吗？

（4）非常好！再次感谢！祝生活愉快！

如果你发现自己在访谈中毫无收获，不要害怕提前结束访谈。有时，受访者会变得沉默寡言或充满倦怠。你能做的最好的事情就是继续下一个访谈。没有任何规定说必须坚持到你的每一个问题都得到回答为止。只要尽你所能，保持友好和尊重就可以了。

以“发现”为目的的主体问题

以“发现”为主旨的访谈，其主要目的是发现受访者认为有哪些需要重视的问题，或者弄清你认为存在的问题是否确实存在于其他人身上，然后弄清你对问题的理解是否与受访者所经历的问题相吻合。你还需要了解问题所涉及的不同步骤以及所涉及的内部 / 外部人员，这些都可能决定下一步工作的成败。

（1）我非常有兴趣向你学习如何处理某件事情（或者做某件事情）。你能告诉我上次你做这件事情的情况吗？或者，其他顾客告诉我他们是如何做某件事情的，我很有兴趣听到你是如何做的。

（2）自从你做这件事情之后，这个过程有任何改变吗？

（3）我很好奇，你做这件事情的频率是怎样的？

（4）在这个过程中，有哪些步骤？

（5）你能告诉我在这个过程中使用过哪些工具吗？

（6）你使用这些工具多长时间了？

（7）你是如何决定从其他工具转移到这个工具上的？

（8）你有没有尝试过其他工具，但没成功？

（9）你介意告诉我在这些工具上你花了多少钱吗？

（10）在这个过程中，你最不喜欢的是哪一步？

（11）如果你能改变这个过程中的一部分，你觉得会是什么？

新顾客访谈主体问题

这个大纲适用于刚刚购买了某产品的人。产品可以是你的产品，也可以是竞品。当你想找到更多顾客时，这是一个颇有帮助的大纲。如果访谈刚刚购买了竞争对手产品的顾客，也可以从中帮助发现我们产品的问题。

新顾客访谈的目标：

（1）他们经历了什么？

（2）他们是如何发现你的产品的？

（3）什么因素影响他们从其他产品转换到你的产品？

（4）到目前为止，他们满意他们的决策吗？

我们故意尽量写成带有轻松感、口语化的问题。

请注意，这些问题只是访谈中的一小部分。后续章节将讨论鼓励对方多说的技巧和策略。

（1）你能告诉我是怎样意识到需要一些东西来帮助你解决某个问题或者完成什么吗？替代问题：其他顾客告诉了我他们是怎样使用某产品，我们非常有兴趣知道你是怎么使用这个产品的，可以说一下吗？

（2）你能否多分享一点你期待达成的目标？

（3）你使用过什么工具来完成这件事？

（4）你能否告诉我，什么时候开始考虑换一种方式或一个产品来帮助你达成目标的？

（5）那么，你什么时候开始寻找新方案的？

（6）在你开始使用新产品之前，你希望它能解决什么？

（7）它是否与你的期望匹配？

（8）在你使用新产品之前，有哪些东西不确定或者不清楚吗？

（9）在决定（购买、使用）之前，你有求助于任何人或任何地方，来获取相关信息吗？

（10）在决定（购买、使用）之前，你还权衡过其他产品吗？

（11）在你决定（购买、使用）之前，有没有其他人给出建议，这是否适合你的情况？

（12）如果你不能（购买、使用）这个产品，会怎么做？

老顾客访谈主体问题

老顾客访谈的目的是挖掘为什么他们很满意，能让你找到更多的有着同样需求和使用场景的顾客，从而帮助我们将产品卖给他们。

这个大纲与其他大纲类似，只有一个关键区别：在访谈中你有意询问他们想要的产品特征或功能。

当你碰到功能要求时，关键是深挖为什么他们第一时间会提及这个要求。当理解了这个要求发生的背景和原因的各种细节时，你可以给到他们产品的现有状态：例如，这个功能已经在开发中，或者马上要发布。如果这个要求远超出公司的能力或业务范围，找到一种温柔的方式结束这个话题，且不要让他们失望，例如：

顾客：这是我为什么需要这个功能的原因，你们公司是不是已经在开发了？

主持人：你是第一个提到这个的顾客，我们还没有注意到这个。能不能告诉我这个如何与你想完成的事情相关？

（1）我们先了解一下大的图景。其他顾客分享过他们是如何使用某产品的，你能告诉我们你使用 ×× 产品吗？

（2）你什么时候开始使用这个产品的？

（3）什么导致你开始寻找新的解决方案？

（4）请想一下完成这件事情的所有步骤，在我们的产品介入之前有哪些步骤？介入之后呢？

（5）从你使用我们的产品开始，事情有了变化吗？

（6）如果你不能使用我们的产品，那么你会怎么做？

- **询问功能要求**

我想留一部分时间，请你告诉我们，你是如何看待这个产品的，你是否有任何建议给我们？

- **当他们给出功能要求（建议）之后**

（1）能否分享一个场景，在这个场景中你会用到这个功能？

（2）上次是什么时候你在这个场景中的？

（3）你目前在这个场景中使用什么？

（4）你为此支付过任何费用吗？

（5）多长时间？

（6）这个场景碰到的频率是怎样的？

（7）如果你想改变产品，你可以做任何改变，你会做什么？

流失顾客访谈主体问题

有顾客取消了账户；也有顾客在试用产品后，没有购买；还有顾客买回家后，又退货了。在讨论进行流失顾客访谈细节前，我们想提一下，这些流失顾客肯定很失望。

因此，流失访谈是最有挑战性的访谈。如果你是新手，先不要从流失顾客开始。

有两个原因会导致流失顾客访谈开展起来很困难：

（1）顾客希望你的产品能解决他们的问题，但没有解决。可能还制造了以前没有的问题，或者功能上很失败。所有这些都是造成失望的原因。

（2）你希望顾客仍然是顾客，继续为你的产品支付。但他们拒绝了你。

要接受顾客的失望而不去辩解，那么就有必要先为你的情感腾出容纳空间。只有当你能接纳自己的失望之后，才有可能不去为自己辩解，才有可能不去打破低信任度的平衡。

要想成功地与以前的顾客面谈，你就必须放下这样的想法：这是一个拯救他们并让他们再次成为顾客的机会。与老顾客面谈的目的不是让他们再次成为顾客。

如果顾客取消订单，就表明营销中出现问题，吸引到一些使用场景不适合该产品的顾客。这次访谈的目的不是试图赢回他们，而是要弄清他们的场景是什么，他们如何接触到产品，这样你就可以不再吸引那些使用场景不适合该产品的人。

你需要吸引更多可能满意的人（这就是为什么我们建议访谈满意的顾客以及被取消订单的顾客），更少地吸引可能不满意的顾客。

在某些情况下，产品会出现顾客流失问题，流失访谈将有助于发现产品的缺陷。在对收到的每一条负面反馈进行优先处理前，也要与那些坚持使用产品的顾客进行交流。我们建议你在流失顾客访谈和满意顾客访谈之间取得平衡，从而让你对产品有更广阔的视角。

无论如何，请记住：我们的目标不是拯救这个特定的顾客。将他们当作失败案例，从一开始就不要期待重新吸引这些顾客，而是从中学习，从而阻止其他顾客流失。

你会发现这个大纲与其他访谈大纲有很多相似之处。这个访谈有点像发现式访谈，不过是反向的：你不是试图找出导致他们转而使用某种产品的惯性，而是试图找到反向的惯性，这样你就可以防止这种情况在别人身上发生。

在这种访谈中，验证陈述比以往任何时候都更加重要。并且，你只需倾听，而不要采取任何干预或打断他们的话，也不要解释你制造产品时的意图。他们的观点才是重点，你需要尽量避免为产品辩护的冲动。

- **先处理失望**

（1）我理解你取消 / 不再购买了。能告诉我是什么原因导致了这个决定吗？（准备在这里听很多）

（2）是否有其他情况导致你认为这（产品 / 服务）并不合适？

（3）是否有其他人参与了取消的决定？

（4）取消（产品或服务）过程是怎样的？

- **他们当初为什么购买 / 使用我们的产品**

（1）我非常有兴趣了解当初你是怎样解决你面临的问题的？在使用产品之前，能告诉我整个过程是怎样的吗？

（2）你能否告诉我多一点为什么之前要（做这个事情）或（解决这个问题）？

（3）谁做了这个使用我们产品的决定？

- **他们未来会做什么**

（1）你知道你将要用什么产品来替代（我们的产品）吗？

（2）我可以知道你是怎么接触到那个产品的吗？

（3）除你（的团队）之外，是否有其他人参与了这些工具的选择/决定你使用的工具？

（4）你有没有可能告诉我，你为此产品支付了多少钱？

小　结

用研究术语来说，本书所涉及的访谈类型是半结构化访谈，也就是说，你会准备好问题和话题，但不会有严格的像剧本脚本一样的问题列表，以相同的顺序和方式向每位受访者提问。这样，你就可以根据每个人的观点和提出的话题灵活应对，并发现一些从未想过要问的非常有用的问题。

大纲只是我们预期的一种访谈进程，对访谈新手尤其有帮助。

“但如果访谈不是按照剧本走，怎么办？”当你做过几十个访谈之后，你会发现大纲只起辅助作用，很多时候你并不想看大纲，因为这会分散注意力。这时，你所需要做的就是牢牢记住我们的访谈目的——发现那些令顾客烦恼的步骤，以及顾客以怎样的方式来解决这些烦恼，然后与顾客共舞。

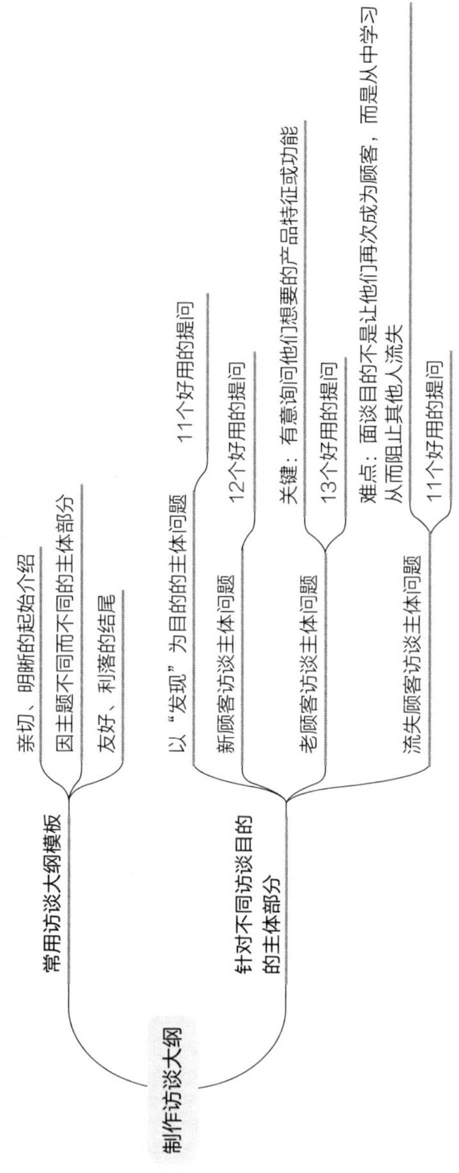
制作访谈大纲
常用访谈大纲模板
亲切、明晰的起始介绍
因主题不同而不同的主体部分
友好、利落的结尾
针对不同访谈目的的主体部分
以“发现”为目的的主体问题
11个好用的提问
新顾客访谈主体问题
12个好用的提问
老顾客访谈主体问题
关键：有意询问他们想要的产品特征或功能
13个好用的提问
流失顾客访谈主体问题
难点：面谈目的不是让他们再次成为顾客，而是从中学习从而阻止其他人流失
11个好用的提问

练一练

请结合此前确定的访谈目的和访谈对象，制作一份访谈大纲，并欢迎通过电子邮件或微信发送给我们。

注释：本图由 DALL·E2 协助制作。

第六章

在你进入实地访谈之前

序幕

气氛怎么这么不好

我曾经体验过一个非常糟糕的访谈现场，至今记忆犹新。

主持人坐在受访者对面，聚精会神地聆听，偶尔低头做些记录，但不记录时，眼睛看着受访者，手指轻轻地转动着圆珠笔。

跟访的一个客户在聆听，眼睛始终低垂，不与受访者交流。似乎在倾听，也似乎在思考。

另一位跟访的年轻客户，手指不停地在手机屏幕上滑动。或许是在记笔记，或许是在和其他人聊天。我无法判断，因为手机上有太多的娱乐和社交工具。

和我们一起入户的还有一位督导，他带领我们来到这个顾客家里。很明显他事先踩过点，否则这个小区我们绝不会顺利找到。外面气温很高，小区周围也没有什么场地，他不得不与我们待在顾客家里，但他太累了，坐在凳子上不停地打瞌睡。

整个访谈气氛非常沉闷。

对话很快陷入一问一答、公式化的氛围中。主持人在努力调动着受访者的积极性，但受访者在说话中眼睛瞟了一眼周围的人，虽不动声色，但回答更简短，慢慢开始应付了事，有了敷衍的信号。

这样的访谈现场如何避免？

每个人的行为都会随着背景和环境的变化而变化。了解人们在会议室中的行为方式作用有限，没有人会在会议室里表现得很自然。与其要求人们到你这里接受访谈，不如去他们所在的地方。为了拥抱他们的世界，你必须融入他们的世界。在他们自己的实际环境中访谈会让你受益匪浅——这才是你感兴趣的环境，也是你想了解的事实和行为的根基所在。同样，你也可以从自己在该环境的亲身经历中获益。当你睁大眼睛，从纸质大纲走入顾客的生活时，才有可能获得最有趣的洞察。

不过，在进入受访者的实地环境前，还有另外一些工作要做。

实地访谈小组成员的职责

一般来说，我认为实地团队的理想规模是两个人：一个人负责领导访谈，另一个人负责支援。但是，在某些情况下，让尽可能多的人直接接触顾客很重要，因此会有更多的人加入访谈。对此需要谨慎，因为从社会心理学中，我们知道有其他人在场会影响受访者的行为，即使是三个采访者也会改变平衡，使一些受访者变得尴尬和不那么开放。这种情况在家庭环境中尤为明显，而且还会因受访者的年龄和性别而加剧。如果我被要求组成一个三人访谈小组，我会确保每个人都意识到我们要在更多的团队接触和较不开放的访谈之间做出权衡。我个人非常抗拒任何规模较大的团队。如果你真的需要很多人参与，那么把这些人分成组，每组参加部分访谈。

至关重要的是，每个参加实地访谈的人都要了解自己的角色，参加访谈的两三个人要协调一致，像一个团队一样行动。通常情况下，我会召开一次简短的面谈或电话会议，让所有可能参加实地访谈的人一起回顾一些基本规则。我并不是想让这些人立刻成为访谈专家；我只是想传递一些最基本的关于期望和角色的信息，以确保访谈取得成功。下面是我使用的一个例子。

感谢你加入我们的实地研究团队。你在这一过程中的参与将有利于我们合作的整体成果。虽然从表面上看，实地访谈可能只是一次简单的谈话，但你很快就会发现，其中还有很多事情要做。我们并不期望你成为一名访谈专家，尽管你会发现自己在实践中会做得更好。以下是一些小技巧，可以帮你充分利用经验，助力我们更好地合作：

我们中的一位将担任第一主持人。你将担任第二主持人。（有点像美剧《法律与秩序》中的“第二把交椅”，这位律师坐在“第一把交椅”旁边，积极观察并制定策略，但不进行任何提问。）第一主持人主持访谈，还将负责协调第二主持人的参与。

请保持全程参与！即使不提问，也要积极倾听。这意味着你要思考所听到的内容，进行眼神交流，肯定地点头，并做笔记。你不仅仅是“墙上驻足的蝴蝶”，你还参与其中。

访谈不同于谈话。我们会用轻松的语气，但会有目的地引导互动，通常会提前想好几个问题。虽然你可能看不到第一主持人的思路，但作为第二主持人或参与者，切忌插话，以免打断流程。

写下你的问题，并在适当时提出。访谈就像一本书的章节一样展开。你的问题必须与这些章节保持一致。第一主持人的工作就是将访谈从一个章节推进到下一个章节。第一主持人会创造机会——通常是在这些章节的末尾——让你提问。

我们不是专家。我们访谈的对象才是专家。要收集他们的故事和观点，在不影响他们的情况下听取他们的意见，使用他们的语言和术语。如果他们对产品、品牌或功能的提法不准确，不要明示或暗示地纠正。

请尽量使用开放式问题。不要预设你认为答案应该是什么。较差的问题是："你喜欢乘坐公共汽车的三个原因是什么？"相反，好的问题是："能告诉我你乘坐公交车的经历吗？"我们不知道他们是否喜欢乘坐公交车的任何经历！

在没有得到受访者的允许前，请不要随意触碰家中的物品，包括家具、电器、宠物等。万一物品有损，后续很难处理。万一被宠物咬伤，也会让受访者很内疚，自己也要花大量的时间处理，还有可能陷入法律纠纷。

未得到受访者许可前，请不要随意拍照。通常一个人拍照即可。所有人都拿出手机拍照，会让受访者心里不舒服，尽管大多数人并不会立刻说出口。

每个人都保持参与

我见过团队采取的另一种方法是分配明确的角色（如记录员、摄像师等）。这就像给蹒跚学步的孩子一个复杂的玩具，让他们玩，这样他们就不会在长途车上分心。这并不是一个好的方法。我倾向于先安排一个人担任第一主持人，然后在访谈前会面（比如，访谈前 30 分钟，在附近的一家咖啡馆），探讨其他人对各种角色的舒适度和兴趣。

一位企业高管犹豫着问我要不要参加实地考察，并保证他只是去观察，不会参与其中。但这不是心脏手术，而是与另一个人的接触。我告诉他，我们至少欢迎他的参与，但他的角色将是积极的，即使主要是倾听。

有很多技巧可以管理实地访谈小组成员，以及他们天真地想问什么就问什么的冲动。你可以给他们提供便签，想到问题时可以写在便签上。（这样，即使提问被推迟了，至少抓住问题能提供一些——尽管是缄默的——即时满足感。）你可以在整个访谈结束后留出一段时间让他们提问。（不过，这可能会要求他们“憋”很长时间，你可能会看到他们有些扭捏；此外，随着访谈的进行，问题的相关性可能会越来越小。）或者，你可以在继续访谈前，为他们留出一定的时间：“到目前为止，我们所谈的内容中，你们还有什么想了解的吗？”让他们在每个主题领域内提问。我告诉实地访谈参与者，可以当着受访者的面就他们的任何问题进行简短的交谈，因此，他们可向我建议一个话题，而不是自己直接提出问题，这样我就可以根据自己的选择提出问题或推迟提出问题。

如果你和同伴一起外出实地访谈，而且你们已经有了相当多的经验，无论是个人经验，还是团队经验，你会发现两个人之间有一种“可爱”的流动性。大脑会根据肢体语言、眼神和呼吸告诉你，你的同事什么时候想提问。如果你正在追问一条信息，不要马上转交过去，只需进行眼神交流，让同伴知道你正在追寻，完成你正在探索的线索，然后向他“点头”，让其介入。这可能是一个美妙的时刻，你不再觉得自己是在管理早熟的蹒跚学步的孩子，而是在和一个已经有了一定默契的舞伴在欢快地跳舞。

要清楚自己是在与同行一起访谈，还是在管理经验不足的想参与访谈的人员。对于同行，你的目标是利用他敏锐的头脑，让访谈变得更好。在访谈前，与同行进行交流，从策略上探讨双方都希望达到的松弛程度。对于参与者，你们并不共享关于访谈如何进行的心智模式，因此他可能会对你的下一个问题感到困惑，就像你会对他的随机问题感到困惑一样。因此，你的目标是保持对访谈流程的控制，同时帮助参与者获得成功的体验。让他参与进来并发掘受访者的观点也很重要（从他的问题中可以看出），但我认为这应该排在第三位。

进入现场之前，将手机调至静音 / 关闭手机

积极倾听的关键在于全神贯注。在访谈开始前，将手机调至静音或关闭手机。你甚至可以将手机放入到随身包中，从而强迫你采用一个不同的心态。

我甚至建议所有参与人员都将手机调至静音，并将手机收在一个看不见的地方。通常，一个有礼貌的受访者，会把自己的手机调至静音。访谈团队的任何一个人的手机响铃或者振动，都会打断主持人和受访者的思路。

有些访谈成员习惯在手机做记录。我建议不要这么做，因为受访者弄不清你是心不在焉，还是在工作。还有访谈成员在访谈时回复邮件和微信，这也是一个不好的暗示——我不想听了。这让受访者倍感轻视。如果该成员真的很忙，那就换一个时间参加访谈。

另外一个提示是尽量在进入受访者家之前，上趟洗手间并少喝水，以免让需要方便的要求成为影响访谈的因素。有些受访者并不喜欢陌生人使用自家的洗手间。

让自己能够集中精力

如果让自己成为一块海绵，深深地专注于别人所说的话对你来说具有挑战性，那么与自己的身体保持一致，提前做好准备，让自己能够集中注意力，可能也会有所帮助。

这对不同的人意味着不同的事情。

这可能意味着要注意当天早上喝了多少咖啡（因为咖啡因会导致一些人兴奋过度而言不由衷地说话），当天吃了什么食物、药品，是否运动，甚至前一天不要太过劳累。我相信你已经知道自己的身体需要什么（如果有的话），以便能够在此时此刻集中精力。

将顾客访谈日当作重要的求职面试日或重大商业会议日。

遵守曾告诉受访者的时长要求

大多数文献都建议将访谈时间安排在一小时内。我发现 30 分钟就能获得很好的信息。有时，我们并不能深入探讨每一个细节，但仍能深入了解一个人做某件事的过程。我也曾有过两个半小时的访谈，因为对方真的很愿意交谈。

通常，甲方会要求乙方访谈的时间足够长，甚至 2~3 个小时。我不认为访谈时长和访谈所获取信息的质量之间有任何关联。受访者往往在一个小时之后就会感到疲倦。一旦他回答问题慢下来或者开始走神，这就给到主持人一个信号：时间差不多了。

无论你承诺的时间有多长，都要遵守，我建议面对面访谈控制在一个小时之内。如果你的沟通顺畅，对方也很热心，你可以要求延长时间。如果你发现自己总是需要延长时间，可以考虑提前申请更多时间。

在录音之前征得受访者同意

多数访谈都需要录音，但可不要认为将访谈录音是理所当然的。征得同意是对受访者的基本尊重，而未经他人允许录音则触犯了《中华人民共和国治安管理处罚法》的相关规定。

录制访谈有助于分析访谈，也有助于在需要分享所学知识时使用。我往往会发现，你的工作流程有多稳健，与需要和多少人分享你的见解之间存在着某种关系。当我在一家较大的公司工作并需要传达洞察时，笔录稿是不可或缺的一部分。我们会将其打印出来，并剪下特定的短语，用于创建旅程图，最后将它们变成信息图表进行分享。

预先确定获取访谈内容的方法

关于访谈时是否应该记笔记以及如何记笔记，有不同的观点。

有些人可能会觉得记笔记妨碍他们全神贯注地听对方说话，因此建议你录下访谈内容，并在访谈后制作笔录 / 笔记。有些人可能会边访谈边写笔记，而不会觉得多任务处理分散注意力。

建议你尝试几种不同的“捕捉”流程，直到找到适合自己的方法为止。

在我做的前 100 多个访谈中，有一个很有效的方法，就是在打印大纲时，每个问题之间都有五六次回车，而且是单面打印。这有助于确保我不会忘记任何问题，因为访谈很少会按照脚本的顺序进行，而且参与者往往会在一次回答中回答多个问题。我经常会把纸张翻过来，开始以自由形式绘制一个人所经历的过程和决策矩阵图。

不过，你可能打字比写稿子快，所以你可以在你选择的记事工具中新建一个文档，然后边听边打。我建议你在旁边准备一张白纸和一支铅笔，以防万一你发现自己想要绘制一些草图来表达某些内容。

不要在一天内开展两个以上的访谈

建议你一天内访谈不要超过两次。

让自己完全沉浸在别人的经历中，会让人兴奋不已，但也会让人疲惫不堪。这需要耗费大量的脑力。

在我从事访谈工作的前两年，我时不时在一天内主持三场长达两个小时的访谈。这样的安排让我筋疲力尽，无法思考。我发誓再也不这么做了。

此外，分析每个访谈内容的最佳时间是访谈结束的当天，你还沉浸在获得的反馈之中，你还保留着在访谈现场获取的灵感，此时是整理、总结和分析这些内容最好的时候。

其次是第二天。你还保有对访谈内容的记忆，有些深刻的东西还在脑海里，你不用翻文字稿就能回想起很多内容。

但是到第三天，可能你就开始淡忘很多内容。其他工作会扑面而来，会冲淡你对访谈的记忆。

当然，一天做一个访谈更好，你有半天的时间来消化吸收，还有时间做大纲的调整。

但是，商业访谈通常是在时间压力下进行的，一天两个我认为是合理的选择。

如果访谈不完全按照问题顺序进行也不用担心

访谈往往会进入你意想不到的领域。事实上，这可能是一个精彩访谈的标志。

从来没有一次访谈是完全按照我在剧本中设定的顺序进行的，但这没有关系。不要觉得需要强迫对方按照你的顺序来。让他们徜徉一下，必要时温柔地引导他们回答你的问题或你感兴趣的概念。

在回答一个问题的过程中涉及另一个问题也很常见。如果出现这种情况，不要觉得自己有必要问另一个问题。这就是我认为每页四到五个问题、中间留有大量空白的大纲特别有用的地方，因为你有空间记笔记。

使用适当的语法

在访谈中，是否应该使用比较正式的语法和句式结构是一个仁者见仁的问题。使用标准语法会显得主持人很有礼貌、很有专业规范，但会带给受访者一些约束，让他感觉这是一个工作，而不是"闲聊"。使用口语化的句式，彼此会放松一些，但可能会让受访者随随便便回答一下就可以了。这都不是我们想要的。

我个人建议是先使用规范的句式和标准化的语法，例如：

“你是否能分享更多关于……”

“我们对刚才说的……很感兴趣，你可以说得更详细一点吗？”

“我还想知道一些关于……的细节，如果你不介意，可以再聊一下……方面吗？”

一旦开始感觉你们之间的话语流动得更顺畅，彼此适应了对方的节奏和说话的方式，那么你就可以更放松一些，回归到自己更舒适的说话方式上。

如果受访者在规范的话语下比较紧张，我个人会时不时寻找机会幽默一把，幽默是调节氛围和改善对话节奏最好的“药剂”。不过运用幽默要特别谨慎，因为你的幽默未必能让对方领会。此外，适当的奉承和表扬对方也有帮助。

访谈时绝不要带有销售的味道

这也许是最重要的一点：在与顾客访谈的过程中，你永远不要去销售。

在访谈中向别人兜售——或者只是对他们认为没有得到满足的需求说“哦，我们的产品已经做到了”——都会打破你在访谈中努力建立起来的信任。

千万不要这样做。

能来做访谈已经会提升受访者对你的认知和兴趣。如果他有未被满足的需求，愿意花时间和金钱去解决问题，那么他有很大概率去研究你的产品。

如果你真的认为有必要解决受访者的问题呢？比方说，他们提出了一项任务，而这项任务在你的产品线的另一款产品中已得到解决。你还是不能在访谈时告诉他们。不过，你可以在第二天给他们发送电子邮件，或许还可以附上这样的感谢信：

××先生/女士：

非常感谢你昨天抽出时间和我交流！我从你那里学到了很多关于……的知识。

我想谈谈你在交流中提到的一些问题。你说你正在寻找解决……的功能。我想让你知道，我们的另外一款产品就有这种功能。

我们很乐意向你介绍你希望使用的这项功能。如果你有兴趣，请联系……

再次感谢！

×××（人）

××××（公司）

小　结

这一章实质是讲解访谈前的注意事项。主持人和受访者之间的互动非常微妙，任何一个细小的行为都可能影响访谈的输出和效率。我们不厌其烦地将这些事项列举出来并做详细解释，就是因为它们过去在某个时刻对我们某个访谈有了实质性影响。遵守这些注意事项可以将不可预测的影响的可能性降到最低。

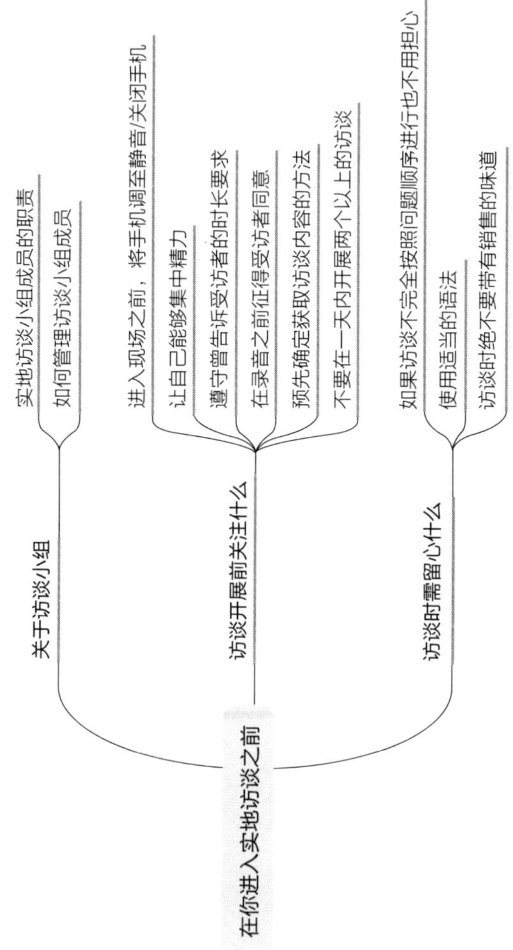
在你进入实地访谈之前
关于访谈小组
实地访谈小组成员的职责
如何管理访谈小组成员
访谈开展前关注什么
进入现场之前，将手机调至静音/关闭手机
让自己能够集中精力
遵守曾告诉受访者的时长要求
在录音之前征得受访者同意
预先确定获取访谈内容的方法
不要在一天内开展两个以上的访谈
访谈时需留心什么
如果访谈不完全按照问题顺序进行也不用担心
使用适当的语法
访谈时绝不要带有销售的味道

练一练

请根据本章内容，整理一份符合自己习惯的访谈注意事项表（包括成员规划、记录工具等），每次开始访谈前可以根据该表检查准备工作是否到位。

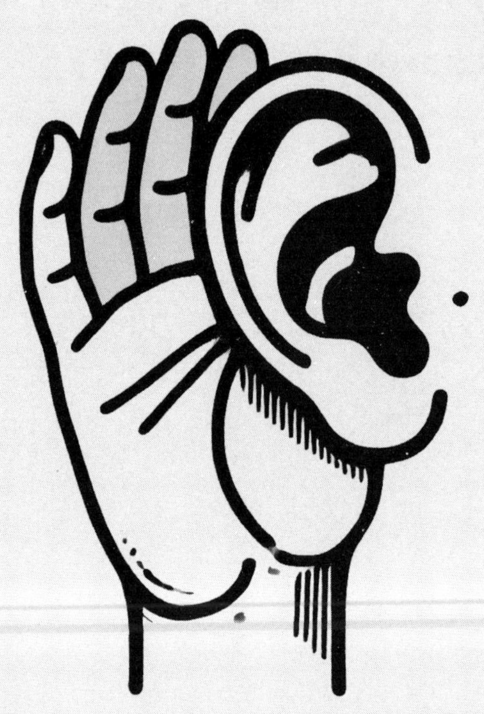

注释：本图由 DALL·E2 协助制作。

第七章 发展主持人的同理心

序幕

你的角色是什么

我曾和一位教授去国内某知名企业调研。那天，按照事先沟通好的日程，我们需要连续访谈四位企业高管。然而，第一个访谈就出乎意料。

同去的教授似乎忘记对话的目的是要深挖该企业在某些经营领域的具体做法。相反，他提出的每个问题都很长，耗时 3~5 分钟。此外，当受访者（企业 CEO）回答好某个问题后，这位教授会占用十几分钟，长篇累牍地针对回答展开评论。而这样的做法带来了消极的反应，受访者的回答越来越短……

最后，当回看访谈文字稿时，我发现 2 个小时的访谈里，受访者只说了半小时，剩下的时间都被这位教授占用了。因此，挖掘到的内容少得可怜！不仅如此，这家企业后来多次婉拒了我们的补访要求。

所以，你究竟在扮演什么角色?

假设你正在脑海里演练访谈会出现的场景，并在纸上将所有目标设定、问题措辞和其他计划都记录下来。那么现在，请将它放在一边吧。成功访谈的关键在于你自己。你可以根据需要参考访谈大纲，但不要让它主导访谈。尽管你做了计划，但访谈很可能不会按你预想的情况展开。因此，理解和掌握一些原则才是你能现场即兴发挥的关键和底气。

专家都有一套自己遵循的最佳实践。但真正让他们成为专家的是，他们有一套自己的操作原则。这些原则看起来更像是一个“如何成为专家”的框架，而不是一份“做什么”和“不做什么”的清单。

在本章中，我将概述我的原则。这些原则实质上是本书所讨论的同理心在访谈中的落地原则，希望能启发你发展自己的访谈原则。随着访谈技能的发展，这个过程会从一个工具包演变成一种存在方式，你会发现访谈中要解决的许多战术问题都不费吹灰之力。

学会倾听

倾听似乎很容易——保持直视对方、少说话，就会给人你在倾听的感觉。但这远远不够。[13]

擅于倾听并不是擅长听别人讲话，而是擅长让对方说话。[14]

倾听是最普遍的或许是最常被人忽略的沟通形式[15]，但“倾听”可以说是访谈中最重要的技能，没有之一。它甚至被称为“同理心的可测量维度”。[16]这始于一个普遍适用的前提——人们希望被理解和接受。为了达到这一目的，倾听是我们可以采取的最有效的方法。通过认真倾听，我们表现出真诚希望更好地理解对方。心理治疗领域的研究表明，当一个人感到自己被倾听时，他往往会更认真地倾听自己，并坦诚地评估和澄清自己的想法和感受。此外，他们往往会减少防卫性和对抗性，更愿意与人交谈。[17]

倾听意味着放弃对话控制权，这是你作为主持人可能最担心的。主持人常被叫作“主持人”，是因为他们需要控制和引导对话。你的同伴（可能包含你的客户）在旁边观察和倾听，可能玻璃后面也有人在听。有时，受访者在天马行空地讲述自己的故事，而你觉得这个故事和你想要的结果根本不沾边。因此，你不得不打断受访者，硬把受访者拉回到自己的轨道。受访者一旦被打断，觉得没有被倾听，情绪有了波动，后续的访谈就会被“干扰”。这种影响很微妙，比如，受访者会顺着你说“对”“我没有其他想法了”“我很喜欢”等。

选择倾听就要抛弃你所固有的成见和预判。我们在倾听时，大多数时候进行选择性倾听，只听我们想听的，因为大脑在认知上偏向于一致性而非真实性。当对方的讲述与我们的预判不一致时，我们会选择性忽略，或者会急于反驳。这些表现尤其明显，特别是当主持人是带有验证性思维去访谈时。真正的倾听就是要拥抱和接纳受访者所说的一切。

倾听可能会将你带往你不愿前往的地方，也许会暴露一些你未曾意识到的问题，但是能够打破“我都知道”的幻觉。真诚地倾听、思考他人的经历并不意味会让你丧失访谈控制权。即便受访者所说的表面上与你的问题不相关，但站在对方的角度想一下这个问题或许让你有所启发。这个过程是一种选择，取决于你的理解范围和理解角度。

有效倾听才能领会人们的语言和意义，尤其是当他们的语言和意义有悖于你的表面理解时。我们喜欢倾听，是因为人们很多时候很含蓄，也有时候词不达意，或者一语双关。

“这件衣服裁剪得很不错……我能不能穿出去啊？”

（可能会显得很性感。）

“我比较了好久，还是觉得这个牌子好。”

（可能是性价比高。）

只有仔细听了上下文，才能真正理解关键决策背后的主要需求是什么，才能理解受访者在什么条件下、在什么要素之间做出权衡和思考。

此外，我发现，一旦你向他人表明你愿意倾听，他们就会愿意开口，因为以前从来没有人关心过他们的日常生活。也许他们会向同事抱怨某件事需要花费多少精力，但可能从来没有坐下来，让别人真诚地询问自己对日常生活中要完成的事情或者某个烦恼的看法。他们可能从未真正讨论过在哪些方面花费了大量时间、使用了哪些工具、经历过哪些挫折等，可能从来没有人关心过并试图为他们提供更好的服务。

正如克里斯·沃斯所说，“与流行观点相反，倾听不是一种被动的活动。它是你能做的最积极的事情！”[18]

倾听是一种被严重低估的力量。[19]

不要领舞

在舞厅里跳舞，一条默认的规则是要有一个人领舞。在访谈中，你不能去领舞，但需要始终保持脚尖着地。

请将访谈想象成社交晚宴谈话，旁边坐着一个你不认识的人。餐巾纸上没有大纲，所以你必须从一些典型的话题开始。“你是怎么认识我们的 ×× 的？”“你是做什么工作的？”“你对什么消遣感兴趣？”“最近的电影你最喜欢哪一部？”这些都是我们从聚会上与陌生人交谈的经验中学到的社交“问题”。你对对方的回答不抱任何期望。随着谈话的进行，你会询问对方所说事情的更多细节。当对方转换话题时，你要跟着切入。如果对方开始谈论你不想追问的话题，你就转移话题。你的目标是了解这个人，愉快地打发聚会的时间，并有可能交到一个新朋友。事实上，你时刻关注对方的动向，但对对方的回答不抱任何期望——这对你如何进行顾客访谈非常重要。

在这种聚会上你可能会碰到一个使用相反技巧的例子——你可能遇到过这样的对话者，他一次又一次地把话题拉回到他自己的观点上，希望谈话符合他已经形成的某种信念。这个人坚持要你转变世界观，以符合他的世界观。正如你所体会到的，这种对话让人很不舒服。

另一个例子是我们经常看到的电视上采访名人或娱乐明

星的例子。主持人的明确目标是娱乐听众，通过一些话术试图让受访者透露一些新东西、谈论一些有争议的事情或讲述一个刺激的故事。采访者将话题引向他想谈的话题，并就被采访者尚未提及的事情提问。

你要反其道而行之。

不要把访谈当作一系列问答的片段。不要像机器一样背诵大纲上的问题。在大部分时间里，让受访者引导谈话。如果你必须转入一个新话题，请在转入新话题时提及目前为止已经说过的话，确保大部分谈话由受访者进行。

由于你是在与受访者对话，你可以根据受访者讲述的内容调整对话进程。没有必要按照任何特定的顺序讲述你的话题，因此，如果受访者跳到了一些你原计划稍后再谈的话题，也不必担心。当话题被提出时，就直接进入主题。这样让受访者引导谈话，可以获得不带偏见的内容。

当然，如果谈话的方向超出了你的研究范围，就需要重新引导。对此，你要洗耳恭听，并寻找适宜的引入点。但最重要的是，你要感到自信和放松。不要对自己期望过高。一开始学习访谈是很有挑战性的。

接受顾客的世界观

接受顾客如何看待自己的世界，并将这一重要原则贯穿于整个访谈过程。要确保你的问题和互动方式能让你和受访者都清楚地意识到，你对了解他们的世界观充满好奇，甚至是渴望。这种接纳的意愿是一种积极、深思熟虑的状态。

你已经知道自己如何计划一顿营养均衡的晚餐或者如何选择一台高档冰箱。你可能已经知道你的受访者是如何做这些事情的。（因为你在筛选过程中了解了他们的情况，或者他们在访谈之前说过的一些话暗示了自己的想法，或者你看到了其他人是怎么做的。）不过，无论如何，你都要乐于询问细节。关于提问，我们在后面的章节中会有更多论述，但现在请记住，要拥抱他们的世界，你就必须探索其世界的细节。有些人担心，如果他们认为自己知道答案，那么提出的问题就是虚假的。请不要对自己的推测如此自信。正如以下例子所示，当你提出这些问题时，可能会出现一些有趣的花絮。

问题：你家冰箱是什么时间购买的？

答案（你已经知道）：上个月

你害怕对方的回答：为什么问我这些？不是已经登记了吗？

如果你吞咽下不舒服，仍然问了这个问题，可能得到的答案是：我上个月买了两台冰箱，一台在这个房子里，另外一台更贵一点，在我新装修的房子里，还没使用。

这样做的目的是让受访者（以及你自己）明白，他们才是自己生活世界的主宰。这样做肯定会有收获。当我进行一些研究时，人们会主动回答我提出的幼稚问题。虽然这在极端情况下最为明显，但它适用于所有访谈。尊重他们的生活知识，再加上你自己的谦逊，这对受访者来说是一种强有力的鼓励。

多年前，我曾与一位客户去一个四线城市访谈。目标受访者是经济条件还不错的普通消费者。我们来到受访者的家里，与她聊了聊她所购买的产品和品牌。这位受访者很健谈，是打开话匣子就停不下来的那种人，滔滔不绝地向我们讲述了她的生活优越感。她提到她购买的所有品牌都是经过深思熟虑、精挑细选的。恰巧一个转身，我们看到了一个很明显是仿冒知名品牌的产品。我继续询问她购买这个品牌的理由。和许多故事一样，她讲的这个故事比其他故事更加丰富。我的客户对这个相关品类很熟悉，忍不住冒出来一句，“明显这个品牌是碰瓷 ×× 的。”

这是采访中的一个小插曲，但却很有戏剧性。当着家人的面，在自己的家里，这个骄傲的女人尽管自称非常懂这类产品，但还是被直接纠正了。你马上就能感觉到房间里的氛围和态势发生了变化。当然，这并不是我想要的局面！我的客户是一个出色、可爱、体贴的人，他做梦也不会想到让这位受访者感觉那么糟糕。但他从来没有想过要用“错误”的方式说一些话。虽然在这种情况下，“错”是对的，但我们的角色并不是对的。

在访谈过程中，你还经常听到和看到明显的矛盾。受访者可能会告诉你，他们很注重整洁，但打开卧室的门，就会发现地板上堆满了脏衣服。尽管你可能会感到沮丧，但还是要试着把它看成一个机会——你对“整洁”的理解可能过于简单。重视整洁的态度表现可能完全不同于保持整洁的行为。你对这一特征的理解框架可能与受访者的框架不一致。这些看似脱节的现象表明我们要更进一步探究，而不是指出受访者的虚伪或前后不一致之处。

受访者有自己的价值观，拥抱他们的价值观并不是与人为善，或者赞同受访者的观点，而是要理解他们。同理心能帮助我们了解对方的立场、他们的行动对自身而言为什么有意义，以及什么可能会打动他们。

不要假定受访者接受你的世界观

我曾采访过一位年轻人，他经历过重大的个人挫折和转变。他先是自认为不学无术，曾经有一段时间想做极端的事情。后来家庭变故让他幡然醒悟，他凭着努力去国外读书，最后回到杭州定居。他称自己为“无心”。在访谈的某一时刻，跟随我们的客户向我们的受访者谈到了“老无心”和“新无心”之间价值观的差异。尽管“无心”并没有向我们明确阐述过这一框架，但他还是说：“对”。经过几分钟的进一步对话，我决定是时候介入了，于是我问“无心”对“新旧无心”这个概念有什么看法。“无心”告诉我们，“我不太明白”。“无心”从未告诉过我们他有新旧两个版本的自己。“无心”始终是“无心”。我的客户是临时合成了新概念，把自己的模式强加给了他。他接下来是怎么做的呢？他同意了。他当然同意！他为什么要为这样的事情争论呢？一个框架没有被受访者拒绝并不意味着它是准确的！也不意味着受访者接受了你的标准。

这种情况经常发生，聆听者虽然听懂了受访者的每一个词，但却不在一个价值体系里。当聆听者试图去概括和总结受访者想表达的意思时，切勿拔高到受访者不认可或者不理解的价值体系里，也千万不要去给受访者的行为或理念贴标签。你可以在访谈之后的总结里给受访者标注你的看法，但在访谈现场贴标签会让受访者感觉你在对他进行分类，或者贬低他的理念或行为，尽管你觉得标签很中性。

不要进入演讲模式

你不需要对你头脑中出现的每一个想法都发表意见！在一个与在线决策支持工具有关的项目里，一位跟随我们访谈的客户在中途有机会插话时，提出了这样一段话，在这里以简化版的形式呈现：

“我想，这个界面其实是呈现一系列不同的因素为你提供信息，并作为你决定是否购买的参考因素。它不是对某一个特定来源的具体反馈。我只是在想，这更像是一个多重……”

这段话，特别像我们开篇提到的那位教授的访谈评论。此时，我打断了客户，让受访者继续告诉我们更多她的决策过程。虽然分享自己形成的想法也是一种询问方法，但这是一种棘手的方法，主要依赖于融洽的关系和共同的兴趣才能有效。这里的访谈现场情况并非如此。我的客户其实什么都没说，只是将脑海里的思考大声地表达出来，但这毫无意义。虽然我在访谈的过程中也会有联想和思考，但如果将这些都记在脑子里，拒绝提出任何问题，可能更合适。但是这个访谈交流不到 10 分钟，这位完全沉浸在自身的客户继续就某一特定类型在线工具的实用性发表了宣言式的总结陈述。他完全进入了演讲模式，不是在提问，而是在分享自己的观点。他从一个倾听者变成了讲述者，而且还带有“教育”性质。

在谈论自己时要有选择性

你一定会在访谈现场听到自己非常认同的故事，无论是某人对产品损坏部分不满去维权，还是他们对“××荣耀”游戏的热情。虽然与受访者建立联系很重要，但通过分享共同的兴趣爱好并不是最好的办法。请记住，访谈不是为了你自己。如果你也喜欢这个游戏，你可能会想：“哎呀！又是一个‘××荣耀’爱好者！”但你不必这么说！想想什么时候该透露自己的一些信息（什么时候不该透露）。说一句“我也是！”会改变访谈的态势。在困难的情况下，这可能有助于建立一些融洽的关系，但也可能会让受访者以为你更有兴趣谈论自己，而不是倾听对方。在社交场合，“看看我有多有趣！”和“看看我知道很多！”是我们在新环境中确立自身价值的一种方式，但在访谈中，这种方式有害无益。

如果这样做能让对方允许你分享一些东西，那么你肯定应该谈论自己。举个例子，在我访谈生涯的早期，我曾是一个访谈辅助人员，当时我的职责是拿着照相机拍照、记笔记，补充一些辅助性的问题。受访者向我们讲述她在国外的生活时，停了下来，看着我们两个说：“嗯，我和父母在澳大利亚生活了多年。”她犹豫着要不要继续说下去。我插话解释说：“我也在国外生活过很多年。”她对我说：“好吧，那你就明白了。”然后她转向我的同事，继续解释她想表达的具体细节。我并不总是告诉我的受访者：“嘿，我也在国外生活过！我去过很多国家。”但在这个案例中，一个小小的暗示让受访者同意继续讲述她的故事。

小 结

作为一名顾客访谈人员，你首先要有一套理念和原则帮助你正确提问和观察细节，从而获取所需的信息。正是对一套标准的忠诚使专业人员区别于其他人员。

本章所讲述的这些原则，一旦掌握，不仅能有助于顾客访谈，而且能为人际关系和个人生活提供强有力的工具。[20]

这些原则必须被植入心中，成为你的一部分。你可以借鉴美国最伟大的“业余”爱好者本杰明·富兰克林的学习方法：纪律和清单。纪律要求你时刻警惕坏习惯、偷工减料的想法和其他会破坏你努力的人性弱点。清单则用他人的经验代替自己的经验，让你在一团糟的情况下获得冷静的思考。纪律还要求你不要在没有充分理由的情况下偏离你的清单。

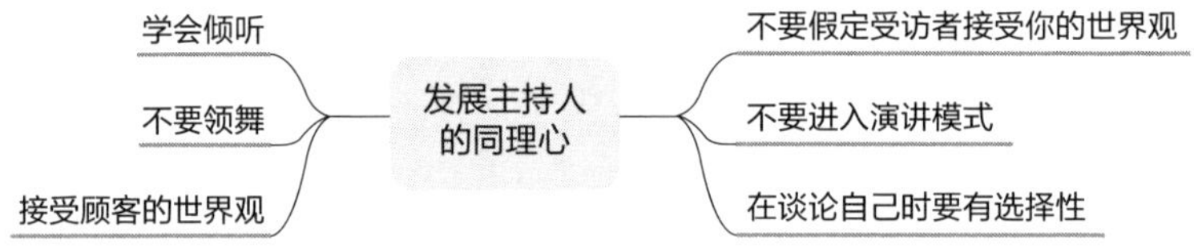

练一练

请回忆一下，你最近碰到的糟糕的对话，对方在什么地方让你觉得不舒服，甚至有被冒犯的感觉？如果他改变一下，怎么说会让你觉得愉快许多？

注释：本图由 DALL·E2 协助制作。

第八章
访谈中的提问

序幕

这是个好问题吗

学习访谈之初，我经常被教导要“自然而然地直击核心问题”。但什么是核心问题？不同的人有不同的答案。怎么“自然而然地”问问题才能得到正确的答案？也是仁者见仁、智者见智。

随着主持顾客访谈的数量越来越多，我逐渐对一些我曾经问过的问题感到疑惑，包括但不限于以下问题：

- 你的痛点什么？
- 你对我们的产品有什么要求吗？
- 你理想的产品有什么特点？
- 你使用我们产品的时候碰到过什么问题？
- 你喜欢这个产品的功能吗？
- 关于这个产品，你最讨厌什么？

直截了当地询问顾客想要什么或者顾客的需求是什么，是否真的能帮我们得到正确答案？顾客是否真的知道“需求”代表什么？顾客想要的一定是他愿意付钱购买的吗？

访谈的关键是提问。

在受访者看来，因为你来寻找信息，所以你要首先提问，然后他再回应。这时，谈话的主导权掌握在“提问题的人”手里。也就是说，话题的走向取决于你的“问题”，谈论内容也取决于你的“问题”。

访谈大纲是你对如何提问的（高度理想化的）假设。但，访谈大纲不可能穷尽你的问题，也不可能对现场受访者的回答做出预判。即便访谈大纲上对每个问题都有小心翼翼的措辞，在现场你也不可能盯着大纲照读，而忽略对方的回应。

因此，你要培养在访谈现场的提问能力。

问题本身的措辞会带来很多变化

如果你的研究目标之一是了解人们如何管理他们的数字音乐，你可能会特意问受访者：“你更新播放列表的过程是什么？”通过这个问题，受访者被要求根据记忆口头总结一种（可能很详细的）行为。这并不一定是个坏方法。听听过程中哪些步骤令人难忘、哪些让人有怨言可能会很有趣。这也是获得一些情感色彩的机会（“哦，这很简单，我所做的就是……”），但不会是最准确的信息。

通过询问此问题，我们实际上希望了解两个问题的答案：“你对更新播放列表的过程感觉如何？”和“你能回忆起更新播放列表过程中的关键步骤是什么吗？”这些信息非常重要，但可能不足以真正了解顾客的情况。你直接提出的问题和你希望得到回答的问题其实是两组不同的问题。

现在，换一种表达方式：“你能告诉我，你是如何更新播放列表的吗？”与此同时，你和你的受访者移动到相关产品所在的位置，你将能够观察到完成这项任务的具体步骤。当然，你还要收集这一过程的其他背景。

虽然诸如更新播放列表这样的话题可能只针对该参与者的个人设备和数据，但在过程比较笼统的情况下，你可以尝试稍作变通，转而采用由受访者教主持人该如何操作的对话的方式，例如：“你能告诉我应该如何准备咖啡吗？”由此不再仅仅是让受访者按照自己的方法讲述不同的步骤，而是引导他具体解释每一个步骤，以便你可以进行操作，例如：“现在，在你把过滤器放进去之前，确保水已经烧开了。”让对方扮演老师的角色，不仅能强化他是专家的想法，还能让他更容易表达出你想要的细节。

问题类型模板

访谈中的大部分问题都应该引导受访者更多地分享经历和细节。要做到这一点，你需要对每一个核心问题的措辞深思熟虑。这里，我们总结了一些例子。

- 收集背景和细节的问题

（1）询问顺序。“请描述一个典型的晚饭准备过程。当开始考虑做晚饭时，你会做什么？接下来做什么？”

（2）询问数量。“发生这种情况时，你会删除多少文件，什么文件？”

（3）询问具体的例子。“你上一次下载的电影是什么？”将这个问题与“你都下载了哪些电影？”进行比较。具体的问题比笼统的问题更容易回答，并能成为后续问题的平台。

（4）询问例外情况。“你能告诉我上一次断电时出了什么问题吗？”

（5）询问完整的清单。“你的智能手机上安装了哪些不同的应用程序？”这就需要一系列的追问，例如：“还有什么？”，很少有人能在没有提示的情况下列出完整的清单。

（6）询问关系。“你是如何与新供应商合作的？”当你对具体问题还不够了解时，这个一般性问题就显得尤为合适。（比如，与前面关于下载电影的例子相比。）与其用一个过于具体的问题来推断，还不如一开始就笼统地问。

（7）询问组织结构。“那个部门的人向谁汇报工作？”

- **提出问题，探究没有说出来的东西**

（1）要求澄清。“当你提到‘那个’时，你说的是刚买的扫地机器人，对吗？”

（2）询问暗语。“你为什么叫它‘傻瓜机’？”

（3）询问情感暗示。“为什么提到××易购时你会笑？”

（4）问为什么。“我曾试图让我的老板采用这种形式，但她就是不愿意……”立刻追问，“你觉得她为什么不愿意呢？”

（5）细心探究。“你提到了一个改变使用方式的挑战。能告诉我是什么情况吗？”

（6）不假思索地试探。“网络上对这个产品有非常负面的看法，有些人持正面看法。你怎么看？”而不是直接问“你对这个产品有什么看法？”或“你喜欢这个产品吗？”这种间接的方式提供了与一般的“有些人”而不是与受访者相关的选项。

（7）向局外人解释。“假设我刚从另一个 10 年来到现在，你会如何向我解释智能手机和平板电脑之间的区别？”

（8）教另一个人。“如果让你 80 岁的奶奶操作智能手机，你会如何向她解释？”

- **提出对比性问题，以揭示框架和心智模式**

（1）对比流程。“用微信、快递或电子邮件发送回复有什么不同？”

（2）与他人比较。“其他健身教练也是这样做的吗？”

（3）跨时间比较。“在过去 5 年中，你的全家福活动发生了哪些变化？你认为 5 年后会有什么不同？”第二个问题并不是为了捕捉准确的预测。相反，这个问题的作用是摆脱现在的状态，展望未来可能出现的可能性。确定一个适当大的时间跨度（1 年、5 年或 10 年）。

运用工具和活动辅助提问

根据不同的访谈主题，你可以安排在相关活动进行时出现。有一次，我早上 8 点就坐在一户人家的厨房里，看着他们准备早餐。（是的，时间很早。唯一比早起做访谈的感觉更糟糕的是，当受访者开门让我进去时，他们脸上的表情。当然，他们事先是同意的，但在那一刻，我肯定不是他们最想看到的人。）不需要请他们向我展示如何准备咖啡，因为我事先就知道这就是准备咖啡的时候。除了看到咖啡机的操作，我还看到了大量的背景信息——当时还使用了哪些设备、周围还有谁、之前发生了什么、之后又发生了什么。事后，你还可以询问受访者你想要了解的事项。

在一个研究顾客服务体验的项目中，一位男士对当地银行的电话服务提出了强烈但不具体的抱怨。我问他有什么不满意的地方，或者如何才能有所改善，但他除了对事情的总体不满之外，找不到任何可以告诉我的东西。于是，我建议他扮演接电话的人，我扮演他，他可以向我演示应该如何操作。在描述了这个练习之后，我将一个假想的电话举到头上说："叮铃铃，叮铃铃！"他接听了假想电话，然后我们开始模拟理想的对话。之后，我们讨论了我们的模拟版本与他的典型经验有何不同。（访谈有时就像即兴表演，不是吗？）

画图是一种有形的表现形式，它将抽象的内容（如流程、一系列关系或大型物理空间的细节）转化为具体、形象的表达。这种表达为更详细的讨论提供了一个焦点，也是访谈结束时可以带走的文件。在我们执行的一个探索房屋空间概念的项目中，受访者绘制了他们的家庭地图，并标明了他们经常活动的位置以及它们如何连接在一起。主持人在绘制地图的过程中，通过探究和提示的方式了解了很多细节。随着访谈的进行，主持人可以不断地参考地图上的信息——例如，指着某个元素澄清说："你就是在这里做那件事情的吗？"访谈调查结束后，家庭地图成为分析工作的关键要素，因为主持人可以利用它向同事讲述相关细节。

除了画图，还可以使用某些概念作为刺激物。我不喜欢把这种方法称为"概念测试"，因为这意味着这种方法的关键在于提出一个解决方案并让受访者对其进行评估。你展示的不一定是实际的解决方案。例如，为了探索一个产品是否真的有用，你通常会展示一些不可行或不可能实现的概念。你所学到的并不是对概念的评估，而是对未来产品设计标准的深入理解。虽然概念是刺激物，但要有意识地选择那些以具体形式包含你的假设、想法或问题的刺激物。

在访谈时，我会提出一系列具体的话题，希望得到反馈，但重要的是让受访者自己安排大部分的回答。我会将概念放在他们面前，加上我计划好的任何解释或演示，然后问他们一个开放式问题，如"你怎么看？"他们自己选择的切入点才是最强烈的自然反应。如果他们一开始对键盘赞不绝口，但直到我问起屏幕时他们才会注意到，这就是一个重要收获。虽然我的工作是确保听到关于键盘、屏幕和所有其他受访者感兴趣的话题，但他们在没有提示的情况下表达的关切和喜悦也至关重要。

这里有一点需要注意：根据你的个人角色，你可能会觉得自己对这个概念有一定的所有权。但是，正如我们在前几章中所说明的那样，你应该在门外检查一下自己的世界观，并准备好接受别人如何看待这个世界。你应该中立地提出概念，以便让参与者尽可能自由地回答。即使在访谈开始时说，“我们是来听取你的反馈意见的，所以不用担心会伤害我们的感情”，但如果你在引出一个概念时说，“这是我一直在研究的东西……”，就会激活一种自然的社交本能，从而降低他们批评的严厉程度。你可以在进入现场前，大声练习“自我介绍”，直到自己的声音听起来是中立的（试着说“这里有一大堆早期的想法，我被要求展示给你看”或“我很想听听你对这个想法的看法”）。如果概念本身非常复杂，导致无法有效地介绍这些概念，那么我一般会邀请客户负责访谈的这一部分：我将使用中性语言说明，我的客户将对概念进行中性演示，然后由我提出第一个问题。

这里还有一个注意事项：如果受访者认为你是产品概念的创造者，他们可能会在访谈中反过来问你“这会向后兼容吗？”“要花多少钱？”“这个饮料里有没有添加剂？”，不要回答这些问题。采取“回避法”，将问题转回到他们身上，问他们：“这对你来说重要吗？”“你希望它是什么？”

明确提问的灵魂

一些专业主持人会将提问分为“5W1H”（原因、对象、地点、时间、人员、方法）。但其实有一个方法可以让你无须考虑“问什么”，便可以在访谈中自然而然地想出一些“问题”。能自然而然地想出问题，接住对方的话题，便不会使访谈双方陷入尴尬境地。

这个方法就是“把握与控制好范围”。

这里的范围就是对话的灵魂。也就是说，控制好话题灵魂的方法，就是把控对话的内容是针对什么范围来说的。

举例说明。

问：“你喜欢什么动物？”

这个时候，话题就是关于“喜欢的动物”这个范围。

当对方回答“喜欢猫”后，话题的范围就从“喜欢的动物”变成更小范围的“猫”。将话题范畴降低一级，也就是缩小范围。

问：“喜欢什么猫？”

回答：“喜欢挪威森林猫。”

话题从“猫”变成了更小范围的“品种”。

与之相反，将小范围引向大范围，叫作“扩大范围”。

对方：“我好喜欢挪威森林猫。”

我：“哦，你喜欢动物呀。那除了动物，你还喜欢什么吗？”

除了缩小范围和扩大范围，还有将话题维持在“同一个范围”的“维持范围”的技巧：

对方：“我最喜欢那种挪威森林猫。”

我：“哦，有这样的猫啊。你还喜欢什么猫呢？”

这样的话，话题范围维持不变，依然是“猫的种类”。

只要掌握了这样的技巧，即使你不知道问什么，也无须事先准备。

在顾客访谈的过程中，要始终明确讨论对象的范围。当你觉得这一范围的讨论结束了，可立刻无缝切换到下一范围的话题。

例如，你可以从讨论“如何做一道菜”扩展到“如何准备晚餐”，也可以从讨论“提神”缩小到“如何制作咖啡”。

“痛点”“问题”“需求”的替代问题

很多公司会为一个正在开发的产品找出下一个功能集。

他们会询问现有顾客对正在使用的产品有哪些喜欢和讨厌之处。他们还会询问顾客“你期待产品有什么新功能？你愿意为此付费吗？”。然后，他们会向上级和产品部门汇报调查结果。坦白说，这是一种非常主观的产品开发方式。

问题是，你不能从字面上问他们想要什么，或者他们是否愿意为某些（甚至是自己提出的）东西付钱。

我以前也问过这些问题。

我并没有从这些问题的回答中得到任何有用的反馈。回答“你需要什么？”这样模糊的大问题，或者在听到“你会使用这个吗？”这样的问题后预测未来，从认知角度来说也很困难。也许有人说他们会使用你的产品，但后来他们再也没有购买。人们都想表现得礼貌一些，而说“不”会让人感觉很不礼貌。

以上问题的另外一个版本是直接问“你是如何纠结的？”。这可能会有点冒犯顾客，尤其是当人们不在当时的场景中时。我个人就很不喜欢别人问我“你在纠结什么？”，我一般会回答“我没纠结，只是没有足够的信息，所以在这件事上卡了三天”，或者“我只是当时有其他重要的事情要先完成”。

如果你想知道人们将来可能会做什么，你需要他们告诉你过去的真实行动故事。要想在产品与目标顾客需求之间建立良好的契合点，就必须了解他们的行为与理念在环境中与完成任务相关的方面，然后将这些知识转化为可以付诸行动的洞察。

- **用什么来代替“你的痛点是什么？”**

关键是要询问完成过程中痛点的症状。

与其让受访者预测，不如询问和倾听事实，如花费的时间和金钱。询问人们过去或现在的实际情况，而不是要求他们预测未来的需求或行为。通过他们的解释，你将了解到他们在哪些方面有困难，在哪些方面愿意花钱。

时间、人工解决方案、多种工具和金钱都是痛点的表现。找到这些事实细节可以让你以一种更容易让他们从精神和情感上回答的方式去揭示他们的纠结。

下面是你如何询问那些暗示着纠结的事情：

（1）完成某件事情需要多长时间？

（2）开始做某件事情是什么感觉？

（3）你能告诉我更多关于需要与哪些人合作才能完成某件事的信息吗？

（4）与你的预期相比，（开始 / 整合）需要多长时间？

（5）能否向我介绍一下你使用哪些不同的工具来完成某件事情？

（6）想想你告诉我的完成某件事的整个过程，什么步骤花费的时间最多？

重要的是了解他们对这些步骤的感受。他们可能更愿意将时间花在做其他事情上，了解这一点也很有帮助。如果他们不花钱，也不花很长时间，那就是一个不好的信号。

“你有什么问题？”的替代问题

“你有什么问题？”是另一个很难回答的问题，而且很少能得到有用的答案。对于不同的人和不同的环境，“问题”可能有不同的含义，你并不想听到他们所有的问题，你只想听到与你想要解决的问题相关的问题。

就像“纠结”一样，你需要间接地询问“问题”。你要做的是尝试发现整体过程，找到他们在哪些方面花费了大量时间、金钱或感到沮丧（如手动步骤）。

很多时候人们并没有意识到他们完成事情的过程和选择有问题，他们已经习以为常，认为周围所有的人都这样。一旦他们意识到还有其他选择，一旦他们发现有其他方法可以消除这些麻烦（如采取手动方案，需要反复检查是否出错等，所有这些都需要付出不少成本），他们就会迅速更换。

为了发现问题，你可以不说“你有什么问题”，而是问以下一些问题：

（1）你能告诉我上次做某某事情的情况吗？

（2）对于每个步骤，你花了多长时间？

（3）在某某事情上你与谁合作？

（4）你为这些工具花了多少钱？

（5）你认为这些工具如何？

你要特别注意：

（1）他们在使用哪种工具（注意：我在这里使用的“工具”是人类学意义上的，手工操作的过程、思考或处理问题的方式都可以是一种工具，就像剪刀或软件一样）。

（2）工具为他们解决了什么问题，以及工具没有解决的相关问题。

（3）他们用金钱还是时间支付工具，以及支付多少。

（4）他们对其他工具的看法，以及如果可以，会如何改变它。

如果你已经有了产品，你可能会问：

（1）在使用我们的产品做某件事之前（和之后），你需要做什么？

（2）这需要多长时间？

（3）你是否使用其他工具？你为此花了多少钱？

（4）你觉得这个“工具”怎么样？

（5）如果你有一根魔杖，可以改变整个流程 / 那个特定步骤的任何事情，你会怎么做？（追问他们为什么要改变，改变后能帮助他们做什么。）

• “你需要什么？”的替代问题

如果你问顾客“你需要什么”，你就是在要求顾客为你设计功能和产品。这对他们来说是一种巨大的精神负担，甚至可能不会为你带来非常有用的答案，因为他们不具备相应的知识，不知道什么是技术上可行或商业上可行的。所以，直接问他们应该做什么不会有好结果。但是，如果你不去问他们的需求，你也不会知道。

顾客的需求不会简单地在一两个问题之后就跃然纸上，你需要努力挖掘。因此，我决心完全不向顾客询问期待什么功能。相反，我想知道顾客总体上和在完成任务的每一步想要实现什么目标。我甚至还与非顾客交谈，看看那些非早期使用者是否有不同的目标。因此，当挖掘需求时，我的第一条原则就是专注于对方想要做什么，而不是产品本身。关注产品本身并不能带来对需求的理解，要关注的是顾客做了什么和为什么这样做。避免使用“爱”“恨”和“希望”等词语，不要去探讨顾客的“感觉”。

建议你问以下一些问题：

（1）你执行这一步骤的目的是什么？

（2）执行这一步骤时遇到什么障碍吗？

（3）在执行这一步骤的过程中，有什么“坑”要避免吗？

（4）什么限制了你很好地完成这一步骤？

（5）还有什么其他办法能达到同样的效果？

（6）你是如何使用这个工具去完成这件事情的？

如果你是挖掘需求，不要过多地谈论人们如何操作他们使用的每一种工具。了解他们使用工具的目的——他们脑子里在想什么。例如，与其纠结于一个人如何查找电话号码并拨打电话，不如探究一下他拨打电话的目的。是向下属了解项目情况还是重新订购某个部件？你的对话不是关于工具，而是关于某人完成某件事情的过程，从而理解他们的需求。

练一练

你有没有问过别人“你会用这个吗”或“你会为此付钱吗”？你认为得到的信息有用、可靠吗？下次与顾客或潜在顾客交谈时，请反问他们过去使用过（并支付过）什么。

小　结

在访谈中你提出的问题取决于你想知道什么，你已经问了什么，以及你和受访者之间什么是行之有效的。我们在第三章也讲述了心智模式在判断问题是否合理方面的价值。你可以将这些方法结合起来，寻找分歧点。例如，如果你观察到受访者教给你的咖啡制作过程中排除了某个咖啡制作步骤，你就可以询问这个问题："我注意到你之前煮咖啡时，是等水烧开后才放过滤器的。这可不是你教我做的。这在制作过程中很重要吗？"就像涂抹一幅水彩画一样，你希望有一个提问方法的调色板，你可以在需要时自由使用。

做到每一个提出的问题都措辞准确需要大量的练习。在访谈现场，你需要跟踪每一个谈话线索，需要在合理时间内做出恰当的反应，需要全身心投入到与对方的感应和互动中。你不会有时间去对照大纲和模板，也不会有时间去思考什么措辞最合适。你在现场只能依靠自己，因此你需要对本章的提问原则和模板了然于胸。

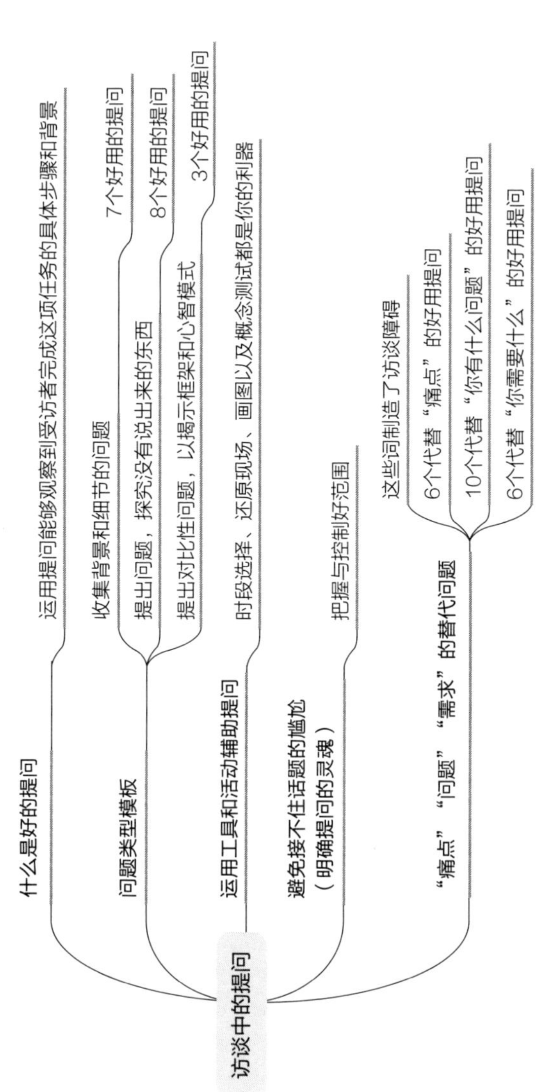
访谈中的提问
什么是好的提问
运用提问能够观察到受访者完成这项任务的具体步骤和背景
问题类型模板
收集背景和细节的问题
7个好用的提问
提出问题，探究没有说出来的东西
8个好用的提问
提出对比性问题，以揭示框架和心智模式
3个好用的提问
运用工具和活动辅助提问
时段选择、还原现场、画图以及概念测试都是你的利器
避免接不住话题的尴尬
（明确提问的灵魂）
把握与控制好范围
“痛点”“问题”“需求”的替代问题
这些词制造了访谈障碍
6个代替“痛点”的好用提问
10个代替“你有什么问题”的好用提问
6个代替“你需要什么”的好用提问

练一练

现在请拿出第五章制作的访谈大纲，根据本章内容重新审视一遍，看看哪些问题需要调整。然后，访谈一位你的朋友，注意全程录音，并通过回放看看还有哪些提问的方式和内容需要参考本章内容进行修改。

注释：本图由 DALL·E2 协助制作。

第九章

使用非语言策略让顾客愿意开口

序幕

你是机器人吗

我曾经观摩过一位年轻主持人入户做访谈。他记忆力超群，对大纲过目不忘。在每一场访谈中他的问题几乎一字不差，连问题的顺序都不会有很大出入，简直让人叹为观止。这位年轻主持人不喜不悲，语速不急不慢，他的每一场访谈的节奏和氛围都一模一样。主持人和受访者一板一眼地在问答，看上去就像受访者在填写一个公务表格。面对这样一位一丝不苟的主持人，可想而知受访者的心情。连我作为一个旁观者都很难判断他在想什么，甚至是否在聆听。

我当时无法指出他的问题，但我们，包括他自己，都认为从访谈中得到的结果非常有限。我百思不得其解，同时好长一段时间也怀疑，我作为主持人是不是也和他有同样的问题。

究竟问题出在哪里?

看过电影《猩球崛起 2：黎明之战》吗？片中猩猩的态度和行为方式完全可以辨认。即便它没有任何台词，我们也可以轻而易举地根据它们的面部表情、手势和身体语言去判定其喜怒哀乐。

我们很难忽略非语言表达的重要性，以及对别人的非语言行为给予解读和反应的能力。[21] 例如，你闭上眼睛、蜷缩成一团、靠在沙发上，但什么都不说什么都不做。这些无声的行为在传递信息——你在“避免接触”。研究表明，如果沟通者不显露任何非语言特征，其他人就会认为沟通者是迟钝、孤僻、不安、冷淡，甚至是虚伪的。非语言行为是沟通的一个重要组成部分，我们常称之为“非语言沟通”。

非语言沟通是指表达自我的方式不是通过我们说了什么，而是通过我们做了什么。也许你曾经说过这样的话：“他说他觉得这个想法不错，但我感觉其实他只是出于礼貌而已。”你是怎么得到“感觉”这个信息的呢？尽管他嘴上说的是另一套，但有那么一瞬间，他的表情似乎表现出不赞同，或者他的语气听起来不是很热忱，与嘴上的话互相矛盾。非语言行为所表达的信息，有时会与文字表达的意义相反。遇到这种情况，我们通常会相信非语言部分所传达出的信息，而不是相信语言本身。

加州大学洛杉矶分校心理学教授艾伯特·麦拉宾在两项关于“是什么让我们喜欢或不喜欢某人”的研究中，创造了7-38-55 法则。[22] 也就是说，语言只占信息的 7%，38% 的信息来自语气，55% 的信息来自说话者的肢体语言和表情。另外一些研究表明，一个信息造成的情绪影响有 65% 来自非语言线索。[23] 无论精确的数据究竟是多少，这些研究的重点是：非语言沟通对我们如何理解他人的态度和行为起着十分重要的作用。

既然非语言沟通是沟通中如此重要的部分，我们就应该好好了解一下。如果能更加留意这些非语言信息，你就可以驾驭它们，让他们为你所用。

本章要学习的非语言谈话技巧都是为了一个目标：让顾客感觉可以安心、自在地敞开心扉。这些技巧几乎在每一次访谈中都能用得到。通过使用这些技巧，你会发现访谈有明显不同。如果在个人生活中使用了这些技巧，你也会发现自己在个人生活中的不同之处。

回到序幕中的例子，有一天，当我接触到“同理心”这个概念时，我突然意识到这位年轻主持人的问题所在。同理心是一种经典的软性沟通技巧，但它有一个物理基础。当仔细观察一个人的表情、手势和语气时，我们的大脑就会开始与他的大脑产生共鸣，从而让我们更全面地了解他的想法和感受。[24]

当一位主持人无法通过一些方法让受访者体会到他的想法和感受时，也就无法与受访者达成情感上的共鸣，无法让受访者自愿去分享自己的经历和体验。缺乏非语言信息的加持，我们会感受到所有的访谈就像在与机器人完成程序式的对话。

使用极其温柔的声音

“你正在收听的是 FM89.7，××栏目……”

心理治疗师通常会用轻柔、缓慢的声音说话，作为一种调节的方法来安抚病人。这些技巧有助于让对方放松，并创造一个让他们感到安全的环境。[25]

想象一下，你正在向一位备受尊敬的长辈询问他年轻时的照片，你说话时可能会有：

（1）温和、友好的语气。

（2）柔和的声调。

（3）真诚、不带评判的好奇心。

或者想象一下，一位好友在深夜向你诉说个人危机。你冷静地倾听他的诉说，并试着弄清发生了什么事。你不会一开始为他的问题提供想法或解决方案，而会专注于帮助其恢复更清晰的头脑状态。

在与顾客访谈时，你也要表现出同样的温柔。将顾客视为你尊重的人，你在向他学习。

研究表明，小孩子回应大人声音时，对那些说话温柔的人会比较亲热，而对那些说话不怎么温柔的人则会避开。[26]但需要注意的是，我没有说要像对待孩子一样与受访者交谈，因为成人需要与孩子截然不同的交谈方式。

如果用中等音量的声音或者挑战的声音说“你为什么要那样做？”并强调某些词，可能会让人觉得是在指责他们，让其处于防御状态，而用温和、不卑不亢、好奇的声音问“是什么原因导致你那样做的？”则会帮助他们敞开心扉。

练一练

下一次，当朋友或家人向你寻求帮助时，请有意识地用最温和的声音与他们交谈。而再下一次，则用你平常的方式。注意比较对方是否有不同的反应。

沉默是金

“没有恰当的沉默，就没有良好的沟通。”[27]

在我开始接触访谈时，我曾向卢克·伦斯，一家国际公司亚太区的研究总监，询问他在职业访谈工作中，运用得最多的一项访谈技巧是什么。他斟酌片刻，说使用最多的访谈策略是提出一个问题，然后：

等待，

等待，

和

等待。

至少三个长拍，直到不舒服为止。

“对方会填补沉默，而他们填补沉默的内容往往是访谈中最有趣的部分。”

你走进顾客家里，有点紧张。你想知道顾客早餐吃什么。你提出问题：“你昨天早餐吃了什么？”然后紧张地等待顾客的回答。

提问后保持沉默非常棘手，因为你是在和一个从未交谈过的人说话。你要了解他的谈话节奏，他对你问题的接受程度，以及他在思考答案时会给出什么提示。这些微小的瞬间——从1秒到几秒——都让人紧张不安。

新手主持人试图消除紧张感的一种方法是先发制人地填补沉默。于是，问题变成了“你昨天早餐吃了什么……是牛奶面包还是小米粥包子？”

人们让典型对话变得流畅的方法之一，就是在别人没有立即回答时加上这类小提示语。也许这种提示并不像上面那样提供答案，而只是一个没有答案的重述，比如：“你昨天早餐吃了什么？（停顿一两秒）是不是不容易想起来？”

新手主持人提出的是可能的回答，而受访者更有可能按照主持人的建议去回答，而不是提出自己的答案。受访者可能会说：“嗯，吃的是面包，就是这些东西。”

在顾客访谈中，你需要尽量避免提示，避免让自己影响对方的回答。

当你提出问题时，你需要让问题悬而未决，让顾客来填补沉默。

“那么，你能告诉我，你当初为什么需要这样的产品吗？”

然后等待，不要提示。

我知道这样做有多难！

提出你的问题，让子弹飞一会儿。为了应对沉默时的不适（可能很痛苦！），给自己找点事做——慢慢重复“允许沉默”，重复多少次都可以。

如果他们没有立即回复，不要说：“是为了……还是……”等等就好。

如果对方无法回答问题，他会告诉你。

在他们给出答案后，继续保持沉默。人们习惯按段落说话，他们希望你允许其继续下一个段落。你问：“你昨天早餐吃了什么？”对方沉默了一秒，然后告诉你：“我吃了面包和一点酸奶，大约 20 分钟后，我还吃了鸡蛋。”

我们的新手主持人认为是时候进入下一个问题了，于是问道：“哦，好的。你在哪里买的这些食材？”但此时最好的办法是再停顿一拍。有时，对方会继续说：“嗯，事实上，昨天的情况有点不一样，我通常只吃燕麦片，但我姐姐要来，我在她来之前要给她准备好早餐。”只要不问下一个问题，你就可以给受访者时间充实他们已经给你的答案。试着感觉一下什么时候主线已经讲完，你该问下一个问题了。

设计师原研哉在他的《白》一书中讲述了建筑中虚空的含义。他描述了用绳索捆绑四根柱子的顶端所创造的空间如何产生虚空感，这种虚空感有可能成为接受思想和情感的容器。随后，他将沉默与虚空感联系在一起，认为沉默是一种由双方创造的空间，它的存在有助于交流。

我现在每次访谈都会使用这种策略，说几句话，然后至少等三拍，让对方补上（但不是每一句话之后都会停顿三拍）。鼓励对方说下去，甚至鼓励对方将本来不愿表达的感觉和态度表达出来。沉默是很有力的沟通工具。

练一练

向朋友提一个问题，然后等三拍。在他回答后，再等三拍，看是否能得到更多的答案。

降低语速

语速太快是很多主持人都容易犯的错误之一。语速太快可能是自身说话就比较快，另外一个原因可能是需要覆盖的问题过多。在压力之下，主持人会不自觉地加快语速，希望能及时将问题列表完成。

如果语速过快，受访者就会觉得有压迫感，还来不及深入回忆细节，就不得不匆匆结束回答，以适应主持人迫切完成问答的节奏。这样的访谈就变得机械化了。

仔细观察社交场合中两个人的交谈，如果他们的谈话很愉快，时间比较长，就绝不会出现一个人语速很快的现象。语速很快的场合，可能是在吵架，或者是匆匆打招呼。

当主持人语速过快时，受访者还会觉得他们的意见没有被听取，我们就有可能破坏已经建立起来的融洽关系和信任。当你放慢语速时，对方也会平静下来，并意识到你对他们的回答很重视，你可能在思考他讲的话，并不是在急匆匆地应付一项工作。

如果受访者语速很快，建议你的语速不要与受访者相差太大。研究者已经发现，沟通者最有可能遵从那些说话速度与自己相似的人所提出的要求：说话快的人会更积极地回应说话同样快的人，而说话慢的人也更喜欢与说话速度比较慢的人交谈。[28]

练一练

你用最温柔的语气但急匆匆的语速询问你的朋友两个问题：“你最近健身的感受是什么？有什么明显进步吗？”接下来挑战自己，用尽可能慢的语速询问另一个朋友同样的问题，拉长问题之间的间隔，并比较对方的回答，体会对方的语速和感受。

用微笑让受访者与你更亲近

人类基本上都会因受到“外部刺激”而产生某些“情感”。[29]。人类的情感、情绪很大程度上被“可见之物”左右。比如，看见可爱的小动物或者小宝宝，会不由得心生温柔，而看到关于杀人事件的新闻，则会心生悲伤、产生负面情绪。可以说，眼有所见，心有所感。这与大脑的生理结构是密切相关的。例如，人类大脑的一半直接或间接用于处理视觉信息。[30]

如果我们将这一关系带入“访谈情感”中，会如何呢？我们可以通过呈现给对方某种实物改变对方的情感。虽然有很多方法可以帮助我们提升自己的形象，但表情尤其是笑容绝对是一个能在访谈现场呈现出的、行之有效的好方法。

显而易见，如果主持人一直愁容满面，紧张兮兮，便很难会给人安心感。换个场景体会一下，比如，在家电卖场时，面带笑容的推销员与面无表情的推销员给你的感觉肯定不同。一个人的面部表情影响着别人对他的印象。这一点似乎理所当然，但是大部分人都没有注意到这一点。

笑容可以帮助对方消除戒备心，让对方安心。比较行为学家艾雷尼厄斯·艾布尔-艾贝斯费尔特曾对人类“问候”的行为做过相关研究，并因此而闻名。艾贝斯费尔特对印度尼西亚巴厘岛拥有不同文化与宗教信仰的人的“问候行为”进行观察，结果发现他们因人种、文化、风俗习惯等不同形成了各自独特的寒暄方式，如“握手”“拥抱”等。[31]

但是他们有一个共同点。

这个共同点便是“与人相遇时，互相凝视后挑眉约 0.2 秒，然后微笑”。艾贝斯费尔特得出结论，“微笑”有助于消除紧张，削弱攻击性。也就是说,“寒暄”“与人相遇时露出笑容”是在告诉他人“我是友好的存在”，给人带来安心感。

相反，面无表情的交流会给对方带来不必要的不安，让对方产生戒备心理。

所以，与人交流的第一要点便是“笑容”，请尽量在访谈过程中保持微笑。

发展让人亲近的身体姿态

是不是全程面带微笑就可以了呢？其实并非如此。有时即使我们微笑回应，效果也只有一半。

例如，你在工作上有些不明白的地方，需要去咨询上级。

“打扰……请问这种情况应该怎么办？”

结果，上级回头问：“怎么了？”虽然他面带微笑回应，却眉头紧锁……

这时，你的心情如何？我想你会马上停止继续询问了吧。

总之，受访者看到的不仅仅是表情，还包括你倾听的姿态。不好的“访谈姿态”包括：

（1）一边听人讲话，一边看手机。

（2）受访者在讲时，你在翻阅大纲。

（3）时不时看手表。

（4）受访者一个劲地说，但你完全不看受访者。

（5）你的手在不停地转笔。

上述行为虽然都是一些细节，但正是这些细节会给受访者添堵，感觉自己说的话没有价值。特别是我们无意中很容易做的一些动作——双臂交叉或者跷二郎腿。

双臂交叉在心理学上被称为“拒绝的信号”。也就是通过身体语言告诉对方你拒绝他说的话。因此，从对方的角度来看，你不支持他的表达，会让他失去安心感，并感觉自己不受尊重。

跷二郎腿会给人一种“压迫感”，让人觉得你很“了不起”，给人一种傲慢的感觉。所以，要想给人安心感，在访谈时绝不能跷二郎腿。

与顾客交谈时，先确认下自己是否交叉双臂或双腿。改掉这些毛病，给顾客的安心感才会大大增强，才会让顾客愿意张口与我们交流。

直视对方并点头示意

请你想象以下场景：

你和朋友们或同事们正聊得开心。当话题转到你“最近的事”时，对方却玩起了手机。即便是回答你的问题，也依然看着手机。然而，当聊起他的事情时，他就不再玩手机，而是抬起头看着你说话。

这时，你的心情会怎样？相信任何人都会生气吧。因为“无人关注”让你失去价值感。

相信你读到这里，已经了然于心了。

“眼看对方，耳听他语。”

但这远远不够。

我们需要眼睛看着对方，还要一边点头，一边听他讲话。

点头非常重要。

在受访者看来，不目视等于没兴趣。所谓看对方的眼睛，是向对方表示你在积极倾听，也是满足对方自我价值感最好的方法。研究也发现，直接跟对方眼神交流的沟通者比逃避眼神交流的沟通者更有可能让对方依从自己的要求。[32]

如果再点头示意，对方就会意识到你认可他说的内容。关于这一点，请参看第十章“认可他们所言”的内容。

好好听我说话，会让人感到我的话值得别人倾听，那我更愿意分享。

如果对方一直看着自己的眼睛倾听，却完全没有点头示意的话，你又会感觉如何呢？会不会有些不安呢？比如："是不是我说的话很无聊？""是不是我说的不是对方想听的？"等。

丰富、夸张的情感表达让对方受宠若惊

比如，你取得了一些成果，向上司或家人汇报……以下有两种反应：

（1）"太好了，辛苦了！"

（2）"哇！太好了，太好了！ 真是太棒了！"

哪种会使你更高兴呢？

显而易见，情感表达更加丰富的后者更能让人感受到"他真的为我感到高兴"。也就是说，情感表达丰富的反应，能够更好地满足对方的自我价值感。

情感表达丰富的"非语言"形式包括：举起手臂，睁大眼睛，上挑眉毛，鼓掌和露出惊喜的表情，等等。

人类总是无意识地在意对方的"反应"。无论是大人还是小孩，都是如此。对于受访者来说也不例外。

因此，给出对方预料之外的表情丰富的脸部和肢体反应，会增加对方的自我价值感。由于很多访谈会涉及顾客不愉快的产品体验，使用同理心表达感同身受，特别是当对方表达自己不愉快的经历时，会达到事半功倍的效果。

当受访者给我讲述他的“奇特”经历时，我会时不时说“哇，难以相信！”，并配合着略微夸张的表情。当受访者说自己解决了某个问题时，我会说“真的吗？你太厉害了吧！”，并舒展自己的眉头，挥舞胳膊，为他庆幸。这时候，受访者很愿意继续分享他的故事，并更有感情色彩。

小　结

请记住，访谈时你面对的是一个希望得到赞赏和理解的人。有鉴于此，我鼓励你在每次访谈中都运用本章所介绍的这些方法。一开始你会觉得很别扭、很做作，但请坚持下去。学习走路的感觉一开始也非常奇怪。

想一想非语言沟通在印象管理中所扮演的角色。比如，你要参加一个聚会，并且在这个聚会上你很可能会遇到想进一步了解的陌生人，想一想你会做些什么？显然，你不会用语言来管理印象（如“嗨！我很迷人、很随和。”），而是会借由一些行为展现这种形象，比如，保持微笑，并且摆出松弛感的姿态。

非语言沟通还可以反映和塑造我们想要与别人保持哪一种关系。当迎接一个人时，你可能的行为方式是挥手、点头、微笑、给一个拥抱，还是会避免任何接触？试着想一下，如果你在访谈中有气无力，没有点头示意，面无表情，那么受访者会用哪一种非语言方式示意你该离开了？

事实上，无论你的非语言行为是否有意，受访者都会发现这些行为，并且依据他们的观察形成对我们的解读。但是，当你忙着提醒自己要经常进行眼神交流、保持微笑、专注体态、点头和其他非语言暗示时，就很难注意到别人的言语了。因此，要认识到你的"日常行为"是一切的基础。如果你无法将这些非语言沟通方法转化为平日常态的一部分，那么在某个访谈中刻意运用这些技巧就很有挑战，弄巧成拙几乎不可避免。

同时，也请谨慎使用这些技巧，并知道何时该踩刹车。这些技巧会让受访者很安心，并可能告诉你不少"秘密"。揭示什么是一个人的决定，但你要提醒自己，当一个人似乎快要分享太多时，就应该后退或转移话题，你可以说"谢谢你告诉我这些。我在想，我们能不能回到你之前说过的话？我对……（其他话题）很好奇"。

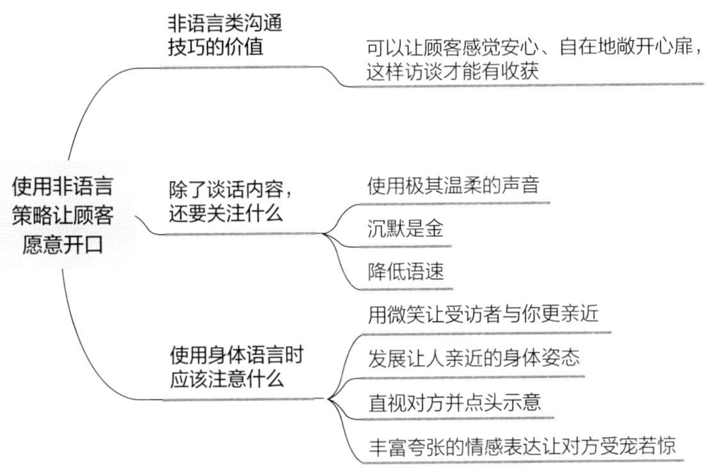

练一练

如果身边有一位朋友、家人或同事，很容易获得他人的信任，那么请仔细观察他在与他人沟通时的语音语调、面部表情、身体姿态和动作等，看看哪些细节可以借鉴，并不断练习，使之成为你的交谈特点。

注释：本图由 DALL·E2 协助制作。

第十章

让顾客分享更多的策略

序幕

除了压迫还有什么

请看以下访谈片段。

主持人：你下载和安装 Keep 有多久了？

受访者：大概有一年半。

主持人：你经常锻炼吗？

受访者：是的。

主持人：什么原因促使你经常锻炼？

受访者：嗯…… 不要经常生病吧。

主持人：还有吗？

受访者：嗯…… 保持良好的精神状态。

主持人：为什么保持良好的精神状态很重要？

受访者：嗯，不耽误工作，还要照顾孩子。

主持人：……

顾客访谈通常被用来挖掘态度和行为背后的动机，因此“还有吗？”“什么原因？”“为什么？”就成为主持人三板斧。但是，这样获取信息的追问方式单调又枯燥，公式化痕迹很重，有压迫感，常常让受访者觉得尴尬和无所适从。

那么，我们应该怎样追问，从而让受访者感觉舒适，分享得更多呢？

很多人会认为，只要将问题询问出来，就会得到相应的答案。如果你能简单地说出问题，然后等待对方提供你需要的所有信息，然后继续问下一个问题，那当然太完美了。但真正的访谈不是这样的。在大多数访谈中，你需要通过一系列策略获得想要的信息。这并不是说别人在刁难你，他们只是不知道你想知道什么。比如，受访者有时会拐弯抹角地说话："……之前的情况改变了我的购买……"之前的情况可能是他们不方便透露，也可能是不确定你是否需要其分享具体细节。他们会以某种方式理解你的问题，并尽力回答。因此，你需要帮助受访者清楚你需要了解什么。

在听受访者回答问题时，要保持精神集中。他们已经理解了问题的意图，还是已经将问题引向了别处？你可以让对话顺着受访者的方向进行，但还有什么需要进一步深入挖掘的吗？或者，你等待一个适当的时机，能够不动声色地将问题带回到你最初感兴趣的话题上吗？

简而言之，是否可以以他们能够理解和回答的方式让他们分享更多？

基于对方的话去拓展

两个人跳舞，如果对方的步伐错乱，你勉强顺着对方的步伐继续，就能让这段舞蹈继续。如果你能在某个时刻踩在正确的点上，并让舞伴意识到，他就可能回到正确的步伐上。但如果对方停下了脚步，那么你就只能独舞了。

通常，访谈一开始会让人感到困难，因为它不同于一般的社交对话，甚至不同于一般的售后服务对话。你可能会通过分享经验或提供建议来建立融洽的关系，而在访谈中这样做会提醒对方，你也是一个有判断能力和观点的人。这往往会让受访者胆怯，并将他们拒之门外，进而阻碍双方建立融洽的关系。

在访谈中，你的目标是创造一个暂停判断的氛围。

他们说什么你就得听什么——即使这听起来错误又古怪。你需要顺其自然，以免破坏与他们之间的连接。

我的一个同事说："这像即兴表演，在即兴表演中，无论对方做什么，你都必须跟着做，并在他们做的基础上发展，否则就会失去节奏。"

我从来没有参加过即兴表演，但我看过以前电视上的《喜乐街》节目。一个人无论说什么，而另一个人就必须想办法配合。有鉴于此，你可以把访谈视为一种表演形式。如果你愿意，也可以说是一种富有同理心的商业即兴表演。

在访谈过程中，你要努力营造一种安全、信任、舒适的环境。他们应该感觉到，他们可以对你开诚布公，而不用担心你的评判。

你就像一块海绵，可以吸收他们所说的一切，并在其所说的基础上继续发展。

练一练

在下次谈话中注意这一点。你会经常说“嗯，但是……”或“是的，但是……”或“嗯，实际上……”或“不……”或“你缺少的是……”这样的否定句吗？注意就是了。当你有想说什么的冲动时，就记下来。慢慢地，你就会注意到自己在做什么。下一次，试着在对方所说的基础上，深入地挖掘对方的观点。“是的，而且……”或“听起来这让你想到了……”这两个句式都可以被你用来根据对方所说的话进行拓展。

尽量是开放式问题

记得你曾经在中学语文课上学过的叙事原则吗？你的脑子里被灌输了六个问题：谁、什么、何时、何地、为何和如何。这是有道理的：这些都是开放式问题。优秀的记者不会让自己的观点影响正在撰写的调查报告。问你“上周六晚上你在外滩 18 号吗？”，如果回答是“不在”并且没有下文，意味着提问者由于自己的预设失去了了解你究竟上周六晚上在哪的机会。相反，如果问“上周六晚上你做了什么？”，提问者会得到一个更坦率的答案，并且不会让受访者知道他心里已经预设了什么。用这段开头提及的六个词开始你的问题，就不会出错。如果以“做了”“有”“是”“曾经”或“将要”开头，你就会将受访者引向你的假设。

在哈佛教授道格拉斯·斯通等人的著作中，有一章名为“由内而外的倾听”[33]，其中一个段落提到了这一点：

“开放式问题是给予对方广泛的回答空间的问题。与‘是/否’问题或提供菜单（如‘你是想做 A 还是 B？’）不同，开放式问题是问‘你想做什么？’。这样你就不会对答案产生偏差，也不会因为需要处理你的想法而分散对方的思维。它可以让对方将回答引向对他们重要的方面。典型的开放式问题是

‘告诉我更多’和‘帮助我更好地理解……’”

虽然建议尽量使用开放式问题，但我希望避免总结性的开放式问题。我们在日常生活对话中深有体会。当问一些总结性问题时，引发的回答也必然是总结性的。

问：你周末过得如何？（总结性问题，期待总结性回答）

答：挺无聊的。（得到总结性回答）

在访谈的过程中，类似的对话也常见。

当我们的问题开放且有细节时，就容易引发对方的回答，且回答得也有细节。

问：你周末看了什么电影吗？（细节性问题，期待细节性回答）

答：我刚看了《周处除三害》，挺吸引人的，很有意思。推荐。（细节性回答，找到了交流的入口）

这样的问题让交流很容易延续。尽管在访谈中双方的关系不像日常生活中的亲朋好友，但是通过更加有修饰性和细节性的问题，可以充分引导受访者去讲故事。

“我想更多地了解你日常的角色。你能描述一下平常的一天是怎样的吗？”

这类问题能让谈话充满真实经历，而不是让人很难继续的“我整天都很忙”这样的总结性观点。受访者一旦开始总结，就麻烦了；人在总结的时候，一般会设置一个过滤镜。受访者会根据自己的心情、状态、目的来调节过滤镜，也会根据所猜测的访谈目的进行设置。一旦受访者使用过滤镜，那么等于放弃了复杂的情感和决策的现实情境。

访谈不需要受访者总结，需要的是细节。开放式问题能鼓励受访者说出更多细节。

认可他们所言

在访谈中你会说什么，如何提出后续问题，这些都会让你感到惶恐不安。然而，你在访谈中所说的大部分话都不一定是问题。相反，你可以使用认可性语句，向对方表明你愿意倾听他们所说的一切。你的目标是让他们尽量多说，而你尽量少说，争取让受访者在访谈中说 90% 的话。

在对受访者进行访谈时，即使你不同意他们说的话，或者即使他们说的话在你看来很荒谬，也要认可他们所言。这是心理学家和治疗师所描述的“认可声明”。[34] 这是让别人对你敞开心扉的关键部分。

因为每个人都希望自己很重要，希望被倾听、被看见，希望自己的感受被理解和接受。被认可能让人感到被关心和被支持。然而，很多时候，人们会觉得自己的内心体验受到了评判和否定。这会导致低自我价值感或羞耻感。肯定并承认你听到了他们的声音，并不意味着你同意他们所陈述的内容；听到一个人的声音和同意他们的观点是两码事。[35] 前面我们提到过，从他们的角度来看，他们的想法和做法是正确的。

你不能打破这种信任的泡沫，任何情况下都不能。

多年前，在一次电话访谈中，我们听到受访者打了一个嗝，然后说："不好意思，我正在吃东西。"我的研究伙伴、研究专家何琳不慌不忙地随口一说："哦，这很正常！"

注意她说的话。她没有说"不用担心""没有问题 "或"别担心"——所有这些说法都是以否定一个负面词语（"担心""问题"）为基础的，因此会在人的脑海中留下负面词语，或者是无效的——而是告诉他一切正常。不是抽象的"很好"，而是明确地将受访者作为主体，说他很好，这就肯定了他作为一个人的状态。

这是很微妙但又很高级的对话技巧，你练习得越多，就会越自然。

如果受访者表达观点，你也不能说同意他们的观点，或祝贺他们，或做任何暗示你有观点，即使是积极的观点。

这可能是如何让访谈顺利进行最奇怪的部分之一，对许多人来说，这与他们积极鼓励的内在本能背道而驰。受访者可能会问你是否同意，这时你需要故意想办法让这个问题消失。（你可以说："我能理解你的想法。你能告诉我……"而不是："是的，我同意"。）同意或不同意都会提醒他们，你也是一个有观点和判断的人，信任就会开始消失。你需要几乎让他们忘记你是一个人。

你可使用以下特定的认可性语句。[36] 你可以用它们来向别人表明你在倾听。

（1）有道理。

（2）我明白你为什么要这样做。

（3）我很想知道你是怎么做到的。

（4）你能告诉我背后的背景吗？

（5）我明白你的意思。

（6）听起来这很令人沮丧 / 耗费时间 / 具有挑战性。

（7）听起来你认为可以改进。

（8）你能告诉我做某某事情时你的想法吗？

（9）你能告诉我更多关于某某的事情吗？

（10）你这样想是有道理的。

（11）你这样做是有道理的。

（12）听起来有很多步骤。

（13）听起来有好几个步骤。我很好奇，你能给我讲讲吗？

在使用承认性短语时，我会建议使用"认为"，而不是

“感觉”，“认为”通常会被理解为更中性、更符合事实。

举个例子：

你觉得这个过程很复杂。

与

你认为过程很复杂。

或者，更好的说法是

过程很复杂。

记住：大多数人都喜欢认为自己的工作具有挑战性。

我发现，要鼓励别人继续说话，就必须把话题转回到他们身上，而不是提出自己的想法。

练一练

下一次，当朋友或家人与你分享一个问题，但没有明确向你征求意见时，说“这很有道理”，或上面的其他承认性语句，而不是提供一个解决方案。

有时，人们会说：“我只是不知道该怎么办！”这听起来像是在邀请你提供解决方案，但实际上可能并非如此。如果出现这种情况，询问他们已经尝试过哪些方法。

镜像和总结

以前在观摩专业人士访谈顾客时，我经常听到他们重复对方的一些话。我认为很没有必要，重复对方的话显得注意力不集中，很不专业，像鹦鹉学舌一样。

那是在我学习积极倾听的若干年前。现在，我明白为什么鹦鹉是很好的对话者了，尽管它们的词汇量有限。

鹦鹉所做的就是镜像——重复别人的话。重复别人说过的话（可以重新措辞），有一种神奇的力量，能鼓励他们说得更详细。

镜像遵循的是一种非常基本而深刻的生物学原理：我们害怕不同的东西，而被相似的东西所吸引。有意识地进行镜像，是一种暗示相似性的艺术。我们通过相互模仿来让对方感到舒适。这通常是一种无意识的行为，我们很少能意识到它的存在，但它是一种标志，表明人们正在建立联系、步调一致，并建立起一种能带来信任的融洽关系。[37]

此外，在人们觉得别人对自己真正感兴趣的环境中，他们会更愿意谈论自己。对别人感兴趣并不是什么秘密，这是让别人喜欢你的关键。如果你花时间认真倾听，并鼓励他们分享自己，他们就会感到被喜欢和被尊重，也会因此更喜欢和更尊重你。

镜像通常与非语言交流形式，特别是肢体语言也有关。但有意识地模仿受访者，一旦做错，会被视为讥讽和嘲弄。因此，我们只关注言语，而不关注其他。通过重复别人所说的话，触发对方的镜像本能——受访者不可避免地会详细阐述刚才所说的话，并保持心理上的连接。

乔安·海克斯和珍妮丝·瑞迪生在其关于顾客分析的著作中提到这种技巧——重复受访者刚才所说的话，以此要求他更详细地解释自己。[38] 这是积极倾听的重要组成部分。

在哈维尔·亨德里克斯将镜像作为夫妻对话的有用工具并加以推广后，镜像在心理治疗师中变得越来越流行。“镜像是仔细地复述对方所说的话以进行确认，并重复这一过程，直到我们得到正确的答案。”[39]

镜像也是谈判专家经常使用的策略。[40]

举个例子。如果你的配偶回家时显得很焦虑。

配偶：这一天好烦！我今天好像开了八个电话会议。

你：你今天开了八个电话会议呀。

配偶：是啊，最后一个电话会议临时取消了，但我不得不缩短前一通电话会议的时间。如果我知道他们取消，我就可以把事情解决，今晚也不用加班了。

你：听起来你今天都在应对电话会议，因为不知道他们取消，所以你今晚加班了，这让你觉得很烦。

注意到，你的对话中没有任何问号。你把配偶的话改写成一个陈述句，然后促使配偶进一步扩展。

这是两种对话策略的结合：镜像和总结。

镜像是重复别人说过的话，而总结则是重新表述别人说过的话（有时还会标注他们的感受），但其含义没有任何改变。

请注意，这些表述都不是问题（“哦，你是在和新顾客谈话吗？”），这些澄清都是对对方话语的简单重述，没有对事件进行额外的编辑。

练一练

当朋友或家人对你说起他们今天的事情时，试着重复他们的话。然后，试着把他们说的话总结成一句话（重复时温和的上扬语调更能暗示兴趣，但这要因人而异）。

要求澄清，即便你不是真的需要

记得在一次访谈中，受访者提到她每周都会召开团队会议。我心想,“我知道什么是团队会议”，于是继续下一个话题。然而，当后来听她的陈述时，我意识到自己并不真正知道会议上发生了什么，虽然现场中我认为自己理解“团队会议”一词。他们是在回顾工作、陈述进展、布置任务，还是其中的几项？我真希望当时能追问几句，请她澄清。初学者很容易忽略这些重要细节。在开放式回答中要立即抓住需要澄清的点并继续追问很困难。无论你多么努力，都会发现自己每次访谈都会有所遗漏。我也一直在努力提高。

因此，在与顾客访谈时，需要做很多在日常对话中可能不会自然出现的事情。这个策略看起来有点奇怪，可能会与你的社交方式背道而驰：即使不需要澄清，也要请求澄清。

这是一个非常有效的方法，可以让别人对某个话题说得更多，说得更深入。

这可能听起来像：

“我能不能确认一下听到的步骤是什么样子的？首先，你对买回来的牛肉进行清洗，接着进行切割，然后分装到保鲜袋里，最后放入冰箱冷冻室里，吃的时候先拿出来解冻。你能详细说说吗？”

也许，即使在你不需要的时候，也故意问个明白，会让人感觉怪怪的或有些不舒服。孩子们常常热衷于提问，而很多孩子在某些时候会因为提问而感到羞耻。在学校里，经常提问以求澄清的孩子会让人觉得讨厌，觉得他们拖了其他人的后腿。即便我在大学的课堂里，也是一个羞于提问的人，总觉得会影响其他人的进度。许多成年人觉得，如果他们分享自己的知识，而不是提出澄清问题，他们就会显得更聪明。然而，这恰恰与你在顾客访谈中应该做的相反。你应该提出问题，并保留自己的知识、感受和观点。因此，我只想告诉你，如果对此感到不安，这是有道理的；如果怀疑这样做的价值，我也能理解。

不过，我还是希望你能给这个策略一个机会，因为向别人复述事情是一种有力的方式，可以表明你在积极倾听，并让别人详细说明。

这表明你在积极尝试从别人的角度理解某件事情。这就是为什么在回答这些问题时，要尽可能使用最无害的声音。你要明确自己只是在询问更多细节，而不是在向他们提出质疑。这些澄清性的问题应该说得近乎恭敬。

在职业生涯的早期，我访谈过很多行业的专业人士。很多职位比较高或者上了年纪的男性，有时居高临下，对所有的问题都不屑一顾，起初我认为这是一种侮辱……后来我意识到，我可以利用这一点来为自己谋利。我开始利用他们认为我是一个无知的行业小白。这一招有时候很奏效。

但这种方法只能让我走到这一步，而且只能针对特定人群。不是任何时候扮演“小白”都能奏效。那种在任何时候都扮演小白的主持人或多或少都会栽一些跟头。

现在我看上去已经不再年轻，而且很多受访者也会认为我是专业人士。如果看起来一窍不通，就会影响到我所代表的公司以及他们对公司产品质量的看法。现在，我将他们提升为体验老师，以此来取得平衡。在介绍制作访谈大纲的第五章，你会注意到这是起始阶段的问题之一：“其他顾客告诉我他们如何使用 ××。我很想更多地了解这与你想要完成的事情有什么关系。”这种措辞既树立了我在该领域的权威，又邀请他们向我传授其具体观点。

以上听上去与“镜像”类似，但不同之处在于你可以添加自己的理解，甚至在重述中稍微加一点错误。我有一个前同事会故意将对方说的话说错，这样受访者就会纠正他们，并过度解释。这样他就会得到非常详细的信息反馈。

你的目标是让顾客开口说话，尽可能多地了解细节（关于手头的主题）。重述他们所说的话表明你在倾听，表明你对他们感兴趣，并有助于你深入了解。

练一练

当朋友或家人向你讲述一个故事时，试着总结他们所说的内容，并稍微改动一个细节。注意，他们会在纠正时详细说明并增加故事的细节。

不要辩解

如果创造了某样东西，你很有可能会对它产生某种情感依恋。

你为它倾注了时间、心血、金钱和努力，同时也放弃了很多东西。你希望人们会使用它，并以它对公司的意义感到骄傲。

因此，当有人告诉你，你创造的东西没有发挥出应有的作用，或者他们想知道为什么它是这样一种情况时，你可能会感到难堪，可能会觉得这是一种批评。人在觉得难堪、被批评的情况下，即刻反应通常是辩解。然后你可能会理智地开始解释当初是怎么思考的。

当你开始解释是如何打算让你的产品发挥作用的，或者你在设计产品时是怎么想的，你就将访谈（或支持对话）转向了自己。

通过分享负面反馈，有人会告诉你，他们希望你的产品能为其所用（这是善意），但在使用时却出现脱节，导致无法获得所期待的价值。如果人们向你提出反馈意见，这是一件好事，因为这意味着他们关心你的产品和他们正在解决的问题。从这个角度来看，虽然是负面反馈，实际上却是一种赞美和鼓励（因为如果他们不在乎，就不会花时间给你反馈）。

曾经有很多跟随我们访谈的客户，总是忍不住向受访者辩解产品的原理和操作方式。他们总认为这样就可以消除受访者对产品的误解。殊不知产品要为顾客生活服务，不是反其道而行之。

每当访谈中出现这种情况，请尽量提醒自己（无论主持人还是跟访的企业人），你在那里是为了倾听对方，以便从他们的角度理解一个事情在实际生活中如何运作。

当有受访者问“为什么会这样”时，你应该用温和、好奇的追问来回答，这样就能更多地了解他们完成特定事情的流程。

为了找出脱节的原因以及如何调整产品，可以提出以下一些追问：

（1）你能告诉我你期望它是如何工作的吗？

（2）我很好奇，能告诉我你预期会发生什么吗？

（3）你希望用它来做什么？

压制或者放弃自己去解释的欲望需要一些时间，尤其当你是产品的开发者时。

一旦学会了放弃解释，你就会发现，这是开启你对顾客所想和所做的新认知的一把钥匙。

练一练

下一次，当有人批评你所做的事情时，试着深入了解他们的期待和希望，以及他们想要做的事情的背后的原因。暂停我们为自己辩护的欲望非常困难，这可能需要很多次才能变得自然。作为起点，可以尝试使用“你能不能带我了解一下……”这种句式。

不要使用你的工作语言

这可能是最让人瞠目结舌的一条原则。如果不能使用自己的工作语言，那到底该怎么访谈？

当我说“工作语言”时，指的是针对某个话题、某个行业或你的产品具体情况的词汇。你在产品上每天浸泡八小时甚至更长，时间长达数年，当然对一些词汇的含义了如指掌。它们已成为你的语言体系的一部分。但是对于受访者，这些词汇可能很陌生。如果你开始在谈话中抛出“战略市场”，受访者很可能只是耸耸肩，顺着你的理解说下去，而不是解释他自己的观点，虽然他认为战略市场其实是有两个截然不同的部分组成。

专业术语也许可以用来暗示你自己与某个行业的内部联系，并建立专业形象，但我想提醒的是，除非你确信受访者能够理解，否则不要使用专业术语。

即便有些是“普通”词汇，但在消费者的词汇表中却显得很晦涩，会让受访者产生迟疑和猜测。例如，对于受访者来说，“你的目标是什么”这个问题比“你能告诉我你想做的事情的全貌是什么吗”要复杂得多。

每个受访者都有一种想保持友好的倾向，即使你所表达的体系并不一定是他们自己的，他们也会同意你的表述。这种行为可能是受访者试图确保与主持人连接的发生。他们会点头，然后想：“是的，是的，这已经很接近了，所以是的，我同意。”因此，避免使用受访者还没有介绍过的词汇可以避免这种倾向。

我始终建议使用简单的措辞。这有助于让人们安心，减少回答问题时的认知负担。

你甚至可以在开始之后重新措辞。如果发现自己在说“那么，你是……”，可以停下来，然后说：“能告诉我更多关于你是如何使用 ××× 信息的吗？”

练一练

想一想你可能想向顾客提出的问题。如何简化措辞，使问题更容易回答？

小　结

访谈语言主要是一种对话和融洽的语言：一种快速建立友好关系并让人们一起交谈和思考的方式。把它们看作人类自然互动的延伸，而不是人为的会话技巧。当能这样理解访谈语言时，你就会有意识地运用相关策略。使用这些策略表明自己在全身心倾听，从而让对方有兴趣持续交谈，为自己获取更多内容。

在任何互动中，我们都希望对方在倾听并理解我们所言。无论你是在进行商业谈判，还是只是在超市柜台前与人闲聊，建立一种感同身受的关系并鼓励对方阐述自己的情况，都是健康的人际交往的基础。

截至目前，我们已经将每种策略都当作乐器来练习了。但在真正的访谈中，乐队是一起演奏的。因此，你必须学会如何指挥。对于大多数人来说，保持所有乐器的演奏确实很困难。因此，我要做的是慢速演奏一首歌曲，这样你就能听到每件乐器一个音符一个音符地演奏。你很快就会发现自己所掌握的技巧是如何相互影响、相互促进的。

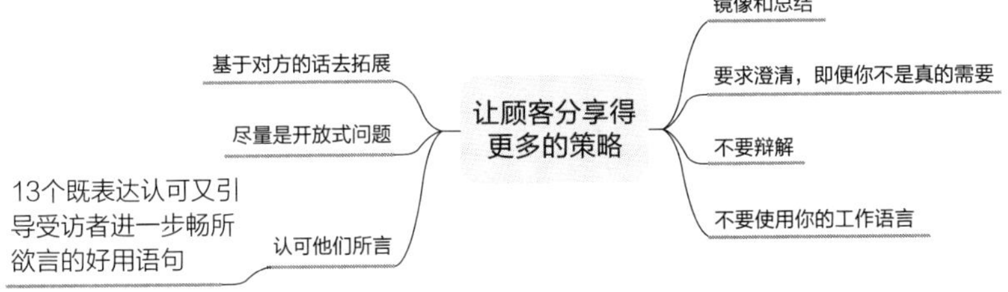

练一练

现在拿着你之前拟好的访谈大纲，找一位不同部门的同事开展访谈。请记住这次访谈的目的是实践本章介绍的各种策略，并找到自己认为最顺手的方式。

注释：本图由 DALL·E2 协助制作。

第十一章 避免错误和无用信息

你能不能换个剧本

让我来描绘一个我们都经历过的场景：你正在家吃晚饭，手机铃响了。不出意外，是电话推销员。他想向你推销贷款、课程、理财产品——这并不重要，因为剧本总是一样的。他可能说出你的姓 + 先生 / 女士，先寒暄了几句，就开始推销。

接下来的硬推销是一张脚本化的流程图，旨在切断你的“逃生路线”，将你引向一条除了“是”之外没有任何出口的道路。

推销员：“你是不是为银行利息低而苦恼过？”

你：“是。”

推销员：“你是否为通货膨胀高过银行利息而气愤？”

你：“是。”

推销员：“你希望有一款安全的理财产品，带给你的回报高于银行利息，也高于通货膨胀吗？”

你：“当然，我，但是……”

你不禁要问，这个声音里带着一丝假笑的家伙是谁，他以为能骗你买你不想要的东西吗？你感觉到自己的肌肉在收紧，声音在防卫，心跳在加速。

你感觉自己就像他的猎物。

你最不想做的事情就是说“是”，即使这是唯一的回答方式。说到底，“是”往往是一个隐藏着反对意见的毫无意义的答案。强求“是”并不会让推销员更接近胜利，只会激怒你。

难道他听不出来你的愤怒吗？

我见过的所有主持人，包括我自己，都会得到很多错误和无用信息。很多时候，我们是因为问了错误的问题而得到了糟糕的信息。尽管我们严格采用了前面章节讨论的技巧和策略，但访谈仍然会偏离正轨。另外一些时候，出现这种情况的原因可能是你不知不觉开始推销自己的产品，也可能是你不得不谈论自己的想法，以解释访谈的原因，还可能是访谈陷入了假设的境地。

一旦你开始注意到这些可能性，就很容易回到正轨。本章讨论几个误区，以及能帮助我们能回到正轨的策略。业余和专业的区别不在于是否有糟糕的情况出现，而在于如何处理这些情况。

摆脱恭维

大多数访谈都会以恭维结束。这种感觉很好。当受访者说，他们喜欢那个想法或者产品原型时，他们几乎肯定在撒谎。不一定是故意的。他们可能是表达支持，或是不想让你感到难堪。或许是你的兴奋传染给他们了。

你：“这是我们想开发的应用程序。它能帮你记录你的运动方式，还能推荐相应的菜谱，甚至还能教你科学训练。”

受访者：“太酷了。我很喜欢。”

你：“不需要用手输入，只要告诉它你今天干了什么，就能帮你自动记录。”

受访者：“太好了。准备什么时候发布呢？”

你（回到公司）：“访谈很顺利。受访者说他们喜欢，事实上我们访谈的每个人都很喜欢。现在我真的认为我们将会有一个热门 app。”

你的团队（6 个月后）：“为什么我们还没有顾客？我一直被告知消费者都很喜欢。”

即使他们真的喜欢，这些数据也毫无价值。举个例子，风险投资家（对产品和企业未来的专业判断者）常常认为自己投资的企业里 10 个能有 1 个成功就非常不错了。如果连风险投资人的观点都可能是错的，那么随便哪个人的意见又能有多大分量呢？

恭维和奉承其实很危险。因此，如果我们能将其扼杀在萌芽状态，那就再好不过了。恭维的主要来源是有意或无意地寻求认可。

有意为之就是在捞取赞美。你不是在寻找矛盾的信息。相反，你已经对产品下定决心，但需要某人的祝福，才会迈出这一步。

有意为之的表述或问题如下：

“我在考虑创业……那么，你觉得可行吗？”

“我有一个很棒的应用程序创意，你喜欢吗？”

你显露的自负导致人们觉得他们应该通过说好话来维护你的感受。当告诉别人一个你显然很在意的想法时，就会出现这种情况。即使你允许别人诚实地提出批评意见，他们还是会尽量鼓励你。

“这就是一个保密项目……你觉得怎么样？”

“我可以接受你的任何意见。说实话就好，告诉我你的真实想法！”

摆脱恭维误导你的最好办法是完全避免恭维。完全不提你的想法。如果无意寻求认同，那么就要把访谈的重点放在对方身上，询问具体、实在的场景和事例。一旦对方察觉到你的自尊心在蠢蠢欲动，他们就会给你谎言和赞美。忽略这些数据，重新聚焦在对方的生活和目标上。不管你有什么意图，人们很少会对已经发生的具体事情撒谎。

如果还是发生了，你需要转移赞美的影响力，继续收集事实。

你：“这是我们想开发的应用程序。它能帮你记录你的运动方式，还能推荐相应的菜谱。甚至还能教你科学训练。”

受访者：“太酷了。我很喜欢。”

你：“喔，对不起，我激动了。听上去你经常健身和锻炼。介意告诉我你是怎样进行健身，并保持健身记录的吗？”

受访者：“什么？哦。我有一个专业教练，他每天记录我的锻炼内容和强度，隔一段时间帮我分析一下我的进展。不管怎么样，我还挺喜欢你刚才的想法。”

你：“很有意思。你能具体告诉我你的资料是如何被记录、如何分析和展示的吗？”

受访者：“他每天手工记录在一个本子上……”

你：“这种方式对你是否有什么不方便吗？”

受访者：“……”

总之，请记住，赞美没有价值，人们的认可不会让你的产品或生意更好。不要将想法和自负带入访谈中，要聚焦在对方的生活细节上。

拒绝泛泛之语

当某人开始谈论他们“总是”“通常”“从不”或“会”做

什么时，你要谨慎，他们就是在给你泛泛而谈的假设。让他们回到过去的具体情况。询问最后一次发生是什么时候，让他们跟你说说什么时候，如何解决，还做了哪些尝试。

世界上最致命的花言巧语就是：“我一定会买的。”这听起来太具体了。作为产品人，你可能会立刻感觉到钱在向你招手。但人们对未来会做什么总是非常乐观。他们总是把自己想象得更积极、更兴奋、更愿意支付。

引出类似答案的当然是我们提出的问题。最容易让人浮想联翩的问题是：“你会吗？”当然他们可能会，总有一天会的，但这并不意味着他们一定会。相似的问题还包括：

（1）“你有没有……”

（2）“你会不会……”

（3）“你通常……”

（4）“你觉得你……”

（5）“你可能……”

（6）“你能预见自己……”

你不必总是回避这些问题。它们不完全是错误的问题。只是这些回答毫无用处。这里的错误在于过于重视答案，而不在于提出的问题。事实上，有时这些问题可以帮助你过渡到更具体的提问。看一个例子。

你：“你健身吗？”

受访者：“哦，是的，经常。”

你：“你上一次健身是什么时候？”

受访者：“两周前。”

你：“你能跟我详细说说上一次健身的情况吗？”

你可能会觉得有点好笑，因为“经常”似乎和“两周前”不能挂起钩来。在使用泛泛之语描述自己时，人们通常描述的是自己想成为什么样的人，而不是他们实际上是什么样的人。

这样的例子不胜枚举。要想了解真相，需要拒绝他们泛泛的自我标榜和虚假的承诺。取而代之的是，将其引向他们已经正在过的生活和已经采取的行动。

防止走马观花

产品人总是被各种想法淹没。我们的想法太多，而不是太少。尽管如此，人们还是喜欢给我们更多的想法。在一次愉快访谈中的某个时刻，受访者可能会兴奋地与你分享他们的想法。他们很兴奋，看到了产品的潜力，因此会开始列出大量的想法和功能要求。

记下来，但不要急于添加到你要开发的功能列表中。尤其对于初创企业来说，需要的是专注并执行一个可扩展的想法，而不是每一个好的想法。

例如，你和受访者正在谈论关于健身的应用程序。

受访者："你们能把数据同步到 Excel 吗？我真的认为这是一个爆款功能。"

或者，

受访者："你们是否考虑过给产品增加数据同步功能？我非常喜欢能够做到 DIY 分析数据。这个功能在你们的开发计划中吗？"

你该怎么办？错误的回答是将"同步数据"写在功能列表上，然后继续前进。然而，这通常是很多企业功能迭代的捷径。当你实现了"同步数据"这一功能，下一阶段某个顾客可能会提出"分析数据"的功能。你真的认为顾客在一个应用程序里需要让人眼花缭乱的数据分析功能和报表吗？

如果你试图将他们的问题转移到访谈的最后，他们可能会因为自己的问题没有得到回答而产生忧虑或挫败感，这可能会降低你得到的答案的整体质量。

这种情况下，请记住你学到的是提问的技能，而不是直接就去行动。

当你听到一个请求时，你的工作就是了解导致这个请求的动机。为此，你要对问题进行深入挖掘，找到问题的根源。你可以说："已经有其他人询问了同样的问题。感谢你的问题。我很好奇，你可以告诉我使用这个功能的一种场景吗？"然后继续询问相关问题。

其他可用来挖掘功能添加的问题包括：

（1）你为什么要这样做?

（2）你为什么想要这个功能?

（3）如果没有这项功能，你目前是如何应对的?

（4）你目前使用什么来完成这件事?

（5）以目前的方式你做这件事花费多长时间?

（6）这个功能将如何融入你的一天?

（7）你目前需要支付多少费用才能完成这项工作?

顺便说一下，你应该以同样的方式挖掘情感信号，以了解它们的来源。就像功能请求一样，任何强烈的情感都值得探究。

挖掘情感需求的问题包括：

（1）再跟我说说。

（2）这似乎真的困扰着你——肯定这里面有故事。

（3）是什么让它如此糟糕?

（4）为什么你还不能解决这个问题?

（5）你看起来很兴奋，这是件大事吗?

（6）为什么这么高兴?方便……

（7）请继续说。

这些问题或提示并不需要很复杂。人们喜欢谈论自己的观点和情绪。

总而言之，对想法和功能的请求我们应该是去理解，而不是去服从。

避免“只见树木不见森林”

当我们开始应用所学提出问题时，有时我们会过度补偿，问一些完全无关紧要的细节。问一个人的年龄并没有偏见，但它也不会推动你的业务。大多数人都有很多他们并不关心的问题，但如果你问他们，他们会很乐意地告诉你这些问题的细节。在你有确凿证据证明你正在为市场解决一个有意义的问题之前，“只见树木不见森林”情况的出现，是因为我们过早过快地陷入了无关重要的细节问题中。

你：“感谢你抽出时间。我们正在开发一款手机应用程序，帮助人们保持健康。现在我们想了解你是如何保持健康的。”

受访者：“好的。”

你：“你多久去一次健身房？”

受访者：“不是特别经常。”

你：“你觉得去健身房锻炼最大的问题是什么？”

受访者：“我想是往返健身房所需的时间。生活和工作总是很忙。”

你：“太好了。那你能给健身计划的四个方面排个序吗？按照它们对你的重要性，包括便利性、个性化、新颖和成本。”

受访者：“应该是便利性，其次是成本，再次是个性化，最后是新颖性。”

你：“好极了，非常感谢。我们正在开发一款应用程序，帮助你在家中方便地锻炼身体。我想它会非常匹配你所关心的事情。”

受访者：“太好了。等它推出时，我很想试试。”

你：“太好了！我会把我们的一个测试版密钥发给你，这样你就可以试试了。”

这个访谈片段之所以非常糟糕，是因为如果你不注意听，就会觉得对话进行得很顺利。如果你过快、过早地将对话集中于一个问题，就会认为自己已经验证了一个“首要”问题，但实际上并没有。是你将他们引向了那里。

如果你问我保持健康的最大问题是什么，我可能会告诉你是去健身房的时间成本。但是，如果你给我做一个在家锻炼的应用程序，我也会忽略它。因为尽管路程时间是健身的最大问题，但健身这件事并没有引起我足够的重视并付诸行动，所以即使在家健身很方便，我也懒得动。

过早拉近和放大是一个真正的问题，因为它会导致数据看似验证了我们的想法，但实际上毫无价值。当不清楚一个问题必须马上解决，还是可有可无时，你可提出以下问题来澄清：

（1）你有多认真对待你的锻炼？

（2）你每周在锻炼上花多少时间？

（3）你对自己的健身有什么重大期望吗？

（4）你使用过哪些工具和服务？

（5）你已经在做些什么来保持身材或改善身体素质？

（6）你现在要解决或改进的地方是什么？

在这些问题中，有些很宽泛，但会提供一些线索，我们可以抓住这些线索并加以挖掘。大部分问题是为了了解与我们交谈的人是否认真对待这个领域。他们在此问题上愿意花钱吗？这是不是他们关注的重要问题？他们是否在积极地寻找解决方案？

当你过早地陷入拉近和放大状态时，可能会浪费大量时间去琢磨琐碎问题的细枝末节。即使了解了有关该问题的所有知识，你仍然无法正确对待你的产品。

小　结

我们彬彬有礼，并期望以最小的摩擦度过日常生活。但是，当我们把友善变成一种社会润滑剂时，也就失去了它的意义。

打破试图让别人说“是”的习惯。我们虽然喜欢听到“是”，但当有人逼我们说“是”时，我们自己却会产生防备心理，进而言不由衷。

要避免“是”字背后隐藏的无意义信息，我们的建议是预先计划好你的重要问题，这样就不容易被顾客礼貌的奉承、敷衍的泛泛之语或者热情洋溢的功能要求所带偏。当你有重要问题在心中时，就不会走马观花，也不会将注意力集中在一些琐碎的事情上，而忘记观察全貌和生态。

在每一个访谈前，在平静的环境中与团队一起决定要问什么问题。

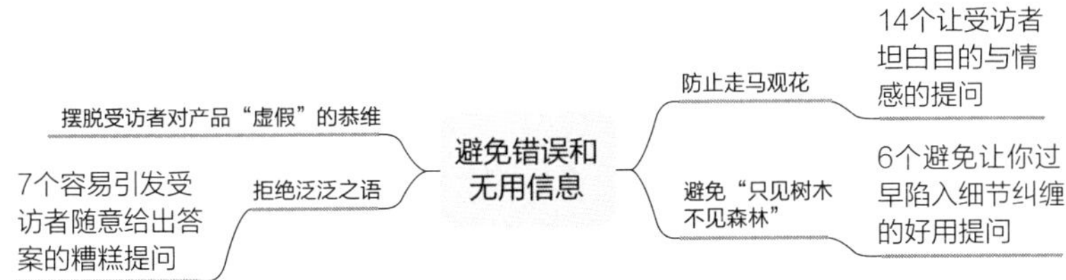

练一练

现在再拿出你曾经制作的大纲，然后向你的一位朋友展开访谈，请注意运用本章所学检查他的回答，并且当他提起某项功能值得开发时，如何接应他的话题并找到正确的答案。

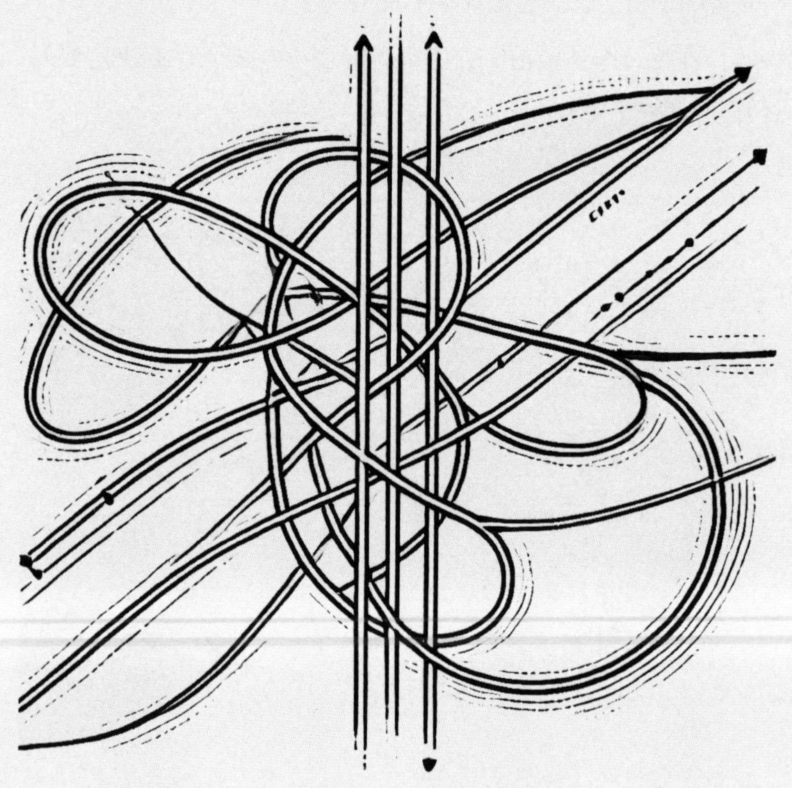

注释：本图由 DALL·E2 协助制作。

第十二章
管理访谈进程

序幕

十万个为什么

学步期的孩子开始问“为什么”。这既令人着迷，又令人沮丧。蹒跚学步的孩子正处于弄清事物运行原理的阶段。如果有大人在旁边，他们就会不停地问“为什么”。

大人：如果你不打算喝完牛奶，请把你的奶杯放到冰箱里。

幼儿：为什么？

大人：为什么？我们就是这么做的。放在冰箱里就不会坏了。

幼儿：为什么？

大人：牛奶如果不保持低温就会变质。

幼儿：为什么？

大人：常温下牛奶会发臭，最后还会发霉。

幼儿：什么是发霉？

大人：就是黏糊糊的黑色东西，如果把牛奶杯放在桌子上，它就会在你的杯子里长。

幼儿：为什么？

大人：因为是我说的！

此时，成人已经到了自己知识领域的边缘，渴望摆脱提问“追杀”。

序幕里，在成人的挫败感来临之前，幼儿已经从成人那里得到了很多有用的解释。其实某种程度上，访谈中你的任务就是扮演好幼儿的角色，同时保持不冒犯他人的礼节。

在比较高的层面上，访谈的理想状态是从开场问题开始就自然展开，然后将大纲中的所有问题融入后续对话中。虽然我们在实际访谈中很少能做到涵盖整个大纲，但追求这一理想将有助于与受访者建立融洽关系，并创造一种感觉更像是对话而非审问的互动。

访谈进程中的互动往往并不会与期望一致，有时相差甚远，甚至在某一时刻让你有挫败感。这诚然与受访者的个性、讲话节奏以及对访谈的态度有关，但作为主持人我们需要去管理访谈进程中的那种微妙的互动关系，从而帮助我们得到想要的信息。

跨过访谈初期的“门槛”

现场访谈的最初几个瞬间通常会有轻微的混乱，尤其是当你要去别人家访谈时。他们可能不知道或不记得你的名字或你所代表的公司和组织，只知道是谁招募他们参加的。一般来说，受访者并不完全清楚对他们的期望是什么。

即便受访者在同意访谈之前可能已经初步了解了访谈的意图，但是当陌生人登门入户之际，难免会抱着一丝警惕的心理：

“他们不会探听我的隐私吧？”

“他们会不会待的时间很长，赶都赶不走呀？”

受访者初期的警惕和戒备心理，会体现为小心翼翼和被动等待你提出问题。要尽快跨过这个门槛，否则受访者的心扉很难打开。我们建议采取以下行动进行破冰：

（1）融入“现场”环境，社交礼仪很重要。介绍现场访谈团队的其他成员，如果是在别人家里，主动脱掉鞋子，戴上鞋套。进门观察一圈后，想好在哪里开始访谈。在家里，可能是客厅或餐桌。你的受访者不会知道你需要什么，所以你要准备好问他。

（2）安排好座位，使你和同伴彼此靠近。为了最大限度地提高各方的参与度，让工作团队能够与受访者保持目光接触，从而让受访者能回答你们中任何一人的问题，而不必将头转得太远。必要时，请受访者坐在一个特定的位置上。受访者不知道会发生什么，所以你可以温和地引导他，让他放心，并为整个访谈定下基调。

（3）开始前，请受访者签署保密协议和同意协议。我通常会尽快把它拿出来，然后告诉受访者："在我们开始之前，有一些文件要给你。"在他签署任何你计划好的表格之前，访谈都不应该开始。让文件发挥作用：不要过度解释文件的内容，从而将自己的不适感投射到受访者身上。我更喜欢把笔和文件递过去，然后静静地坐着（或准备好周围的环境），让他读一遍。同时，开始架设摄像机、打开笔记本电脑或准备现场材料，而不是看着他。防卫性的唠叨会削弱文件的清晰度，并引发受访者可能根本没有的担忧。如果招募者在你到来之前已经和他签署协议，那么你可以忽略这部分。

（4）重申你的目标。这是访谈真正开始的时刻。感谢受访者抽出时间与你交谈，并用较高的声音告诉他这是关于什么的对话。这是你使用他的术语而不是你的术语说话的一个早期的重要机会。如果有助于让他知道你在做什么，那么将你的工作描述为"市场调研"也可以。对于他来说，顾客研究、消费者研究和市场研究之间的区别并不重要！请从高层次上介绍我们的流程和目标，例如："我们在为一家科技公司工作，我们正在与一群不同的消费者交谈，了解他们是如何使用笔记本电脑的。"通过简要介绍整个过程，让受访者了解你的期望："我们将用大约 90 分钟的时间与你充分沟通。一开始我们会问一些问题，稍后如果你能带我们参观一下 ×× 就更好了。"或者："我们先在这里讨论一下，然后给你看一些东西，听听你的反馈。"这样做还有一个好处，就是可以提醒顾客（他们可能没有像你希望的那样做好准备）即将发生的事情，让其放下戒心和警惕。

这些语言和行动的规范，你应该在进场之前就想好。熟练且规范的语言和行为会让受访者感觉这不是一次随意的闲聊，而是一场正式的工作访谈。

管理访谈进程中的尴尬

当你继续提问时，可能会遇到一些阻力。虽然很多人（尤其是那些可能同意参与的人）都很外向和自在，但有些人会感到不自在。人们需要多长时间才能克服不适感，这没有公式可循。有的人几分钟就能和你一起渡过难关，而有的人可能需要一个小时。有时（根据我的经验，这种情况很少见），他们永远也达不到那个程度。这种不适感会以微妙的方式表现出来：僵硬的姿势，刻意的反应，轻微的皱眉和扭动。他们可能会回避你的问题（看似回答了问题），暗示你的这些问题都很无聊，或者很少或不提供关于他们自己的细节，把他们的行为描述为“你知道，没什么特别的”。

我们要学习识别自己的不适感，才能知道自己什么时候处于这个阶段。你必须接受这种尴尬。与人交谈感到不自在并不是生活中最糟糕的事情。你没有身体上的危险，这只是一种内心的感觉。让它发生。倾听这种感觉，然后将其放在一边。现在，给你的受访者提供各种更容易参与对话的方法。向他提出简单的问题，保持询问的事实性、直接性和简单性。现在不是提出挑战性问题的时候。

要有耐心，不断提问，不断接受、认可和欣赏他的回答，第八章～第十章的方法应该能帮到你。你自己是否感觉舒适很多时候会不自觉地体现出来，并对语气产生影响。如果你是按照大纲的线性顺序来做的，可能会在很短的时间内完成大部分内容，然后开始对你的问题数量不足感到恐慌。不要担心，只要坚持下去，剩下的问题将需要更长的时间来完成（也会产生更多的后续问题）。

虽然我无法预测何时会出现临界点，但受访者往往会在某一点上从简短回答转变为讲述故事。这通常是一个答案变长的真实时刻，在这个时刻，你会意识到你们已经达到了很高的默契程度，交流的基调也不一样了。当你意识到这一点时，你已经能在听到简短回答和故事之间来回自由切换了。所以只要坚持你一直在做的事情就可以了。

当受访者似乎有点紧张时

受访者有点紧张并非不常见。特别是当有产品测试环节时，他们会担心自己做错。我强烈建议，在每个测试的开头，都要强调："我们测试的产品还在开发的早期阶段，肯定有不少缺陷。你越坦诚，就越能帮到我们找到那些缺陷。不存在对与错的问题。"

当受访者有点紧张时，我们建议使用认可性语句。"这很有意义"和"我能理解你为什么这样做"这样的语句，对那些在分享自己的经历时感到紧张的人来说，大有裨益。

（1）即使你已经理解受访者所做所想，也要去挖掘更多的细节。

（2）记住使用你最温柔、最听起来无害的声音。

管理访谈进程中的问题线索

作为一个理想化的访谈计划，访谈大纲当然是线性的。但实际上，访谈过程更像是一棵树。

问题树中蕴含的复杂性会让人觉得访谈千头万绪，你恨不得希望无论话题怎么跳跃，都逃不出你的手掌心。事实上，应对这些挑战可以把你带到一个非常有创意的地方。米哈里·契克森米哈赖阐述了“心流”这一心理学概念——“在活动中，一个人完全沉浸在一种精力充沛、全神贯注的感觉中，并有获得成功的心理状态。”事实上，当问题树逐步展开时，我的大脑火力全开，但还是能感觉到自己的反应慢了下来。这种感觉同时存在于我的大脑和身体中。就像我们熟悉的电影特效一样，当飞船进入超空间，星星从点延伸成线时，我们穿梭在点与线的交互之中。在这种平静中，我并没有忽略复杂性，相反，不知不觉地凌驾于复杂性之上，脑中的一切都变得非常安静，我能感觉到自己正驾驭着访谈的挑战。这是一种非常投入的感觉。这与你想象中的访谈要求可能导致的亦步亦趋的感觉截然相反。这种流动的状态既产生于保持沉默，让自己置身事外、体验呼吸，又是访谈工作中最具创造力和洞察力的时刻。

让我们先来看一个访谈片段以了解访谈中问题的产生（见下图）。这是一个相当典型的访谈片段。不过，值得特别关注的是主持人（右边）的情况。当受访者（左边）以自然的方式进行解释时，主持人正在确定要问的其他问题。在第一次停顿时，主持人至少有两个新问题（超出了访谈大纲中已有的问题），但为了鼓励受访者继续回答他用“好的”来响应。随着受访者继续，他可能会提出另外两个需要探讨的话题。也许这些话题已经包含在访谈大纲中，但也可能没有。

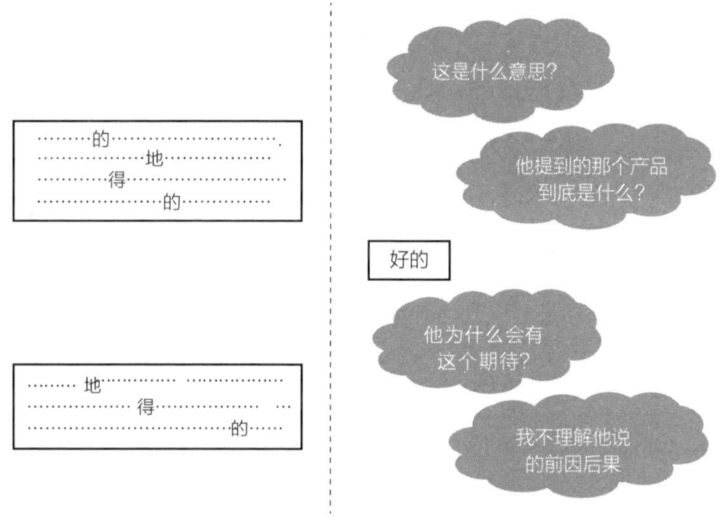

访谈中问题的产生

遗憾的是，我们大多数人都受到时间线性的限制。我们无法复制自己，无法在平行宇宙中追踪每一条线索。

在访谈的大部分时间里，除了要注意时间和节奏之外，你的工作还包括管理这棵树：

（1）耐心等待，直到这些话题在谈话中再次出现，而无须你开口询问。通常它们都会出现。

（2）在你的大纲上快速记下想回到深挖的话题，这样就不会忘记了。

（3）根据研究目标确定优先顺序（或者分流）。虽然看似无关紧要的东西往往被证明是有见解的，但你必须做出选择。因此，要取巧，选择你认为对你所研究的问题有帮助的内容。

（4）根据什么是最好的后续行动进行分流，以体现倾听和增进感情。如果某个话题看起来仍然重要，可以稍后再谈；为了建立连续性，可以回溯主持人之前的话（如你刚才提到使用支付宝，我想再问一下这方面的情况）。

话题间发出换道信号

并不是大纲中的所有问题都可以成为后续问题。有些话题已经没有下文，或者有时你需要刻意改变讨论内容，以便深入某个特定的兴趣领域。这里的指导原则是发出换道信号。下面比较这两个假设采访的片段：

片段 1

问：当你下载华为手机应用程序时发生了什么？

答：（笑）它马上就安装好了！

问：你把用过的油桶放在哪里？

片段 2

问：当你下载华为手机应用程序时发生了什么？

答：（笑）它马上就安装好了！

问：好的，很好。我现在改变一下主题。也许你能告诉我们，你把废油桶放在哪里了？

在第一个片段中，话题的过渡明显跳跃，且显得很突然。不出意外，受访者会感到很突兀，可能需要很费力才能将思路从手机转换到油桶使用场景上。这种突然的跳跃，对某些受访者来说，就是否认他们刚才的回答并让他们备受打击，从而影响彼此的信任和接下来访谈的流畅。

在第二个片段中，刻意、明确的转向信号承认了最新的答案，并为下一个原本不连续的讨论话题指明了方向。一般来说，如果你的问题不是一个相当明显的后续问题，那么你就应该在前面加上一些过渡性词语。

警惕访谈中受访者的沉默

在访谈过程中，受访者保持沉默，表明他们正在认真思考这个话题，并希望为主持人的目标做出贡献。但需要注意的是，这种沉默可能是表示抗拒的沉默，也可能是表示困惑的沉默。如果受访者觉得自己没有足够的知识或资格回答问题，他们就会沉默。同样，当受访者对问题感到困惑和不确定时，也会沉默。这种“陷入沉默”有其微小的暗示，必须由主持人的插话来打破。如果陷入沉默的时间过长，受访者就会开始体验到失败的压力。

主持人可从两个角度打破沉默：

（1）通过增加问题核心词的定语或者状语，缩小问题范围，从而打破沉默。

（2）可从受访者对上一个相关问题的回答中，找到与目前问题的相关点重新提问。

有时候受访者沉默是因为话题的敏感性。受访者与陌生人进行交谈时，有时谈话主题会涉及他们不愿讨论的内容。有时，受访者会想，为什么这次访谈与他预期的如此不同。有几次，受访者长时间保持沉默，在我不断追问时打断我："我们为什么要谈这个？你不是想知道我是如何使用 ××× 吗？"我停下来，向他们保证我对其商业秘密或个人隐私不感兴趣，或者直接道歉，向他们解释这项研究的性质，我对他们的工作环境、遵循的理念以及导致其以某种方式做事的动机感兴趣。我解释说，我对他们使用的所有工具都感兴趣。我会尽力给他们留下一个好印象，诚实地说出希望通过这项研究做的每一件事。

但也有一次，我让受访者退出了访谈，因为他实在是太不舒服了。在这种情况下，要做有意义的事情，同时考虑到这将对所有参与者产生的持久影响。令人安心的是，大多数人都喜欢谈论自己和自己的工作。通常情况下，我们所面临的挑战是如何管理他们，而不是吸引他们。只要让人们感到舒服，他们就会告诉你各种各样的事情。

当受访者讨论不相关的内容时

也许你遇到的挑战与回答简短相反，你得到的回答非常冗长，其中包含大量不相关的细节。曾经有顾客跟我讲他们的猫，讲他们即将到来的度假，讲各种各样的事情。不过，这种情况并不经常发生。然而，他们也有可能谈论一个与主题关系并不密切的细节。例如，当你希望听到活动策划时，他们却开始大谈公司的人事斗争。面对这样的情况，你可以采用以下处理策略：

（1）自我检查。他们谈论的是完全不相关的话题（你问发票，10 分钟后他们却在谈论猫），还是有帮助的相关话题（你问发票，他们却在谈论供应商协调方面的困难）？这可能是你引导他们发现了一个更大的问题。

（2）礼貌地重新转向。"谢谢你告诉我这些。我们能不能再回过头来谈谈你之前提到的一些事情。你能告诉我更多关于你如何使用 ××× 的信息吗？"

也有可能是你发现了一些对这个人来说很重要而别人从未问过的事情。对于受访者来说，这是一个重要的时刻。它可以建立信任和亲和力。有时，为了建立融洽的关系，不妨让对方讲一些无关的话题。访谈得越多，你就越能掌握什么时候应该深入，什么时候应该重新引导话题。

当发现访谈比预期的时长要短很多时

你计划一个小时的访谈，但发现 10 分钟后两边都无话可说了。

我的一个同事曾经拿着大纲，兴高采烈地去访谈，结果很快就结束了。她后来意识到，这是因为当时她为解决受访者遇到的问题而感到兴奋。她和他们谈论问题本身——这在一般的日常谈话中很常见——而不是深入探讨他们是如何遇到这个问题，以及为什么会遇到这个问题的，而这些才应该是你在访谈中想要挖掘的。

这很常见，特别是当受访者描述的是一个你很熟悉的问题时，你可能觉得没有必要再继续询问下去。

然而访谈的目标是要从受访者的角度来了解这种情况如何发生，而这只能通过询问他们来了解。

我们需要时间适应和学习询问对于自己已经熟悉的事情的细节。我们所受到的教育并不鼓励这种行为，因此你觉得有点奇怪。

我们建议可以将营造倾听环境和适时跟进结合起来。跟进不一定是提问。一些简单的短语就是最好的跟进。

（1）镜像和总结。这可以很简单，就像重复对方说过的话一样。例如，如果有人告诉你他们的数据库有问题，你可以说："听起来你的数据库有问题？"然后等待。

（2）你可以告诉我更多这方面的细节吗？

（3）用简单的短语来表明你正在倾听，如"嗯嗯"或"我明白了"。

小　结

通常来讲，在访谈时有意去管理访谈进程的起伏，需要你努力倾听被访谈者的谈话，认真思考，识别出谈话的有效性，然后将其推回正轨。你需要有良好的同理心与技巧，这样才能让受访者觉得和你谈话很舒服。在谈话中遇到敏感话题时，需要保持警惕。最重要的是，你必须能够从讨论中获得你需要的信息。

刚开始学习访谈时，很难做到有意识地体会和管理访谈进程中的起起伏伏。但我建议你每次做完访谈，将访谈录音听一遍，将访谈笔录通读几遍，你总会发现不满意的地方。下一次访谈时改进一个你不满意的地方。当对整个访谈进程有了全局概念时，你就会意识到管理访谈进程是成为专业人士必须经历的一项提升工作。

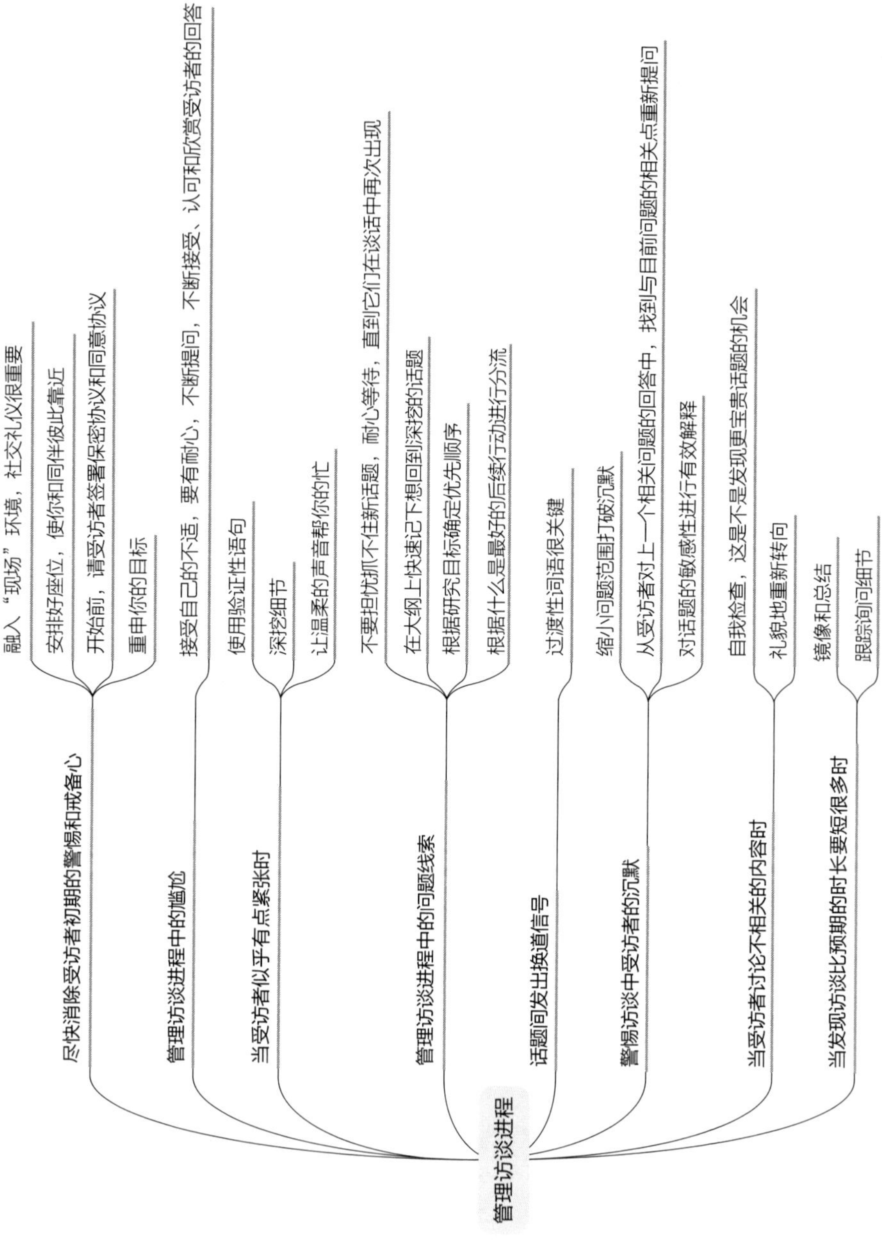

管理访谈进程

- 尽快消除受访者初期的警惕和戒备心
  - 融入“现场”环境，社交礼仪很重要
  - 安排好座位，使你和同伴彼此靠近
  - 开始前，请受访者签署保密协议和同意协议
  - 重申你的目标
- 管理访谈进程中的尴尬
  - 接受自己的不适，要有耐心，不断提问，不断接受、认可和欣赏受访者的回答
- 当受访者似乎有点紧张时
  - 使用验证性语句
  - 深挖细节
  - 让温柔的声音帮你的忙
- 管理访谈进程中的问题线索
  - 不要担忧抓不住新话题，耐心等待，直到它们在谈话中再次出现
  - 在大纲上快速记下想回到深挖的话题
  - 根据研究目标确定优先顺序
  - 根据什么是最好的后续行动进行分流
- 话题间发出换道信号
  - 过渡性词语很关键
- 警惕访谈中受访者的沉默
  - 缩小问题范围打破沉默
  - 从受访者对上一个相关问题的回答中，找到与目前问题的相关点重新提问
  - 对话题的敏感性进行有效解释
- 当受访者讨论不相关的内容时
  - 自我检查，这是不是发现更宝贵话题的机会
  - 礼貌地重新转向
- 当发现访谈比预期的时长要短很多时
  - 镜像和总结
  - 跟踪询问细节

练一练

旁观别人做访谈，能帮助自己看清问题在哪里。现在请让你的同事依据你之前制作的访谈大纲，访谈另一位同事。请仔细观察双方对话的进程，并记录下你认为需要改进之处，想想如何能做得更好。

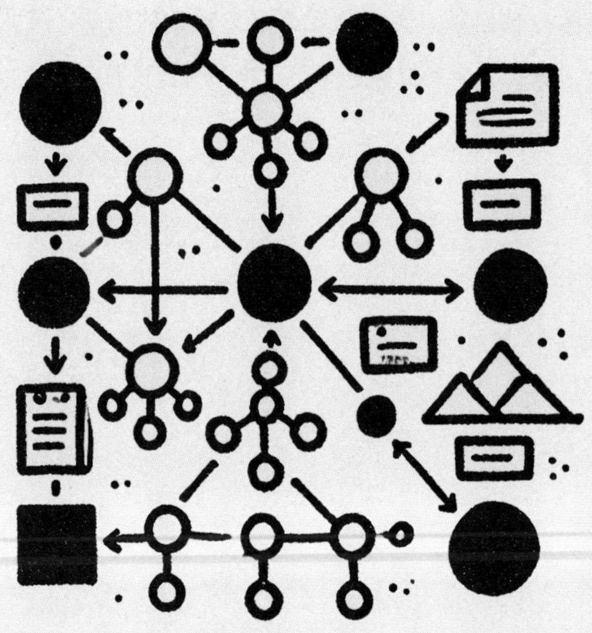

注释：本图由 DALL·E2 协助制作。

第十三章 分析访谈内容

序幕

你在干什么

一位主持人在一张白纸上写下一、二、三、四、五，然后将白纸转向受访者，很兴奋地说：“请你将刚才提及的产品给你造成麻烦的步骤，按照麻烦程度排序可以吗？一代表最麻烦，二代表其次，以此类推。”

什么？！

受访者面带疑惑地斟酌片刻，将刚才他认为造成麻烦的几点小心翼翼地写到数字的后面，边写边看看主持人。主持人则轻轻点头示意继续，最后如获至宝地将答题纸收在文件夹里。“顺便问一下，为什么 ×× 最麻烦？”主持人补问着。

“嗯……每次碰到这个步骤，都想避开。”

“好的。”

……

同样的问题，在重复询问若干受访者后，一个量化的结果呈现给主持人的上级：15 个受访者，40% 选择 ×× 为最麻烦的步骤，26% 选择 YY……

一份访谈内容分析大功告成！

但这是顾客访谈的分析内容吗？

通过访谈，我们可以在下列领域做出明智的决策并采取相应的行动：

（1）发现重要需求。

（2）制定长期产品规划。

（3）制定定价策略。

（4）设计获客流程。

（5）确定新功能的优先次序。

（6）制定市场发展战略。

如何使用访谈中学到的知识，取决于你做访谈的目的。我们在第二章讨论过访谈要有一个商业问题做引领。这样在进行访谈时，至少知道自己在寻找什么。事实上，如果仔细阅读本书，你就会知道，在开展几乎任何研究活动时，回顾研究问题和目标都非常有用。在内容分析中，如果不清楚研究问题，就很难知道哪些需要分析，哪些不需要。

我们在第三章讨论的心智模式不仅与访谈策略和访谈问题相关，也为分析访谈内容提供了一个有用的框架。

本章序幕中的主持人试图让受访者帮助其完成对访谈内容的分析和总结。他的逻辑是：排序是受访者给的，没有主持人的主观判断在其中，因此结果“客观”，上级或客户对此无话可说。另外，这位主持人可能像很多人一样并不知道如何分析访谈内容，他们试图用顾客的“发挥”充当内容分析结果。且不说是否每个顾客对“麻烦”的理解一致，就连排序的标准都没有，最后的统计结果有什么意义呢？

本章介绍两种不同的分析方法：绘制顾客旅程图，创建痛点 × 频率矩阵。

在访谈过程中或访谈结束后，你可能会发现勾勒出顾客旅程图或痛点 × 频率矩阵很有帮助。然而，请不要在进行一个访谈后做任何商业决策。

在何时行动和何时等待之间很难划清界限。当你认为已经找到问题所在时，你很难不去行动。然而，你可能会发现，修改之后的产品在另外一个访谈后，需要改回来；或者修改后，发现有更多的逻辑错误。因此，我建议你在与至少 10 个人访谈前，不要做出任何改动，哪怕是微小的改动。

一旦完成访谈并对其进行分析，你就为公司创造了一个永久的资源。即使你现在不对所有内容采取行动，在未来几年出现新问题时，也可以参考这些内容。

绘制顾客旅程图

绘制顾客旅程图就是将顾客的一项特定任务分解为完成该任务所需的各个步骤。它是一个被营销研究人员广泛使用的工具。目标是勾勒出顾客所经历的不同步骤，并针对每个步骤确定功能 / 社会 / 情感要素。绘制特定步骤中可能存在的不同工具和制约因素也会有所帮助。顾客旅程图可能不是线性的，也可能有分支。

简而言之，顾客旅程图特别有助于将人们在现实世界中的行为与企业构建的体验接触点，或者网站或应用程序中的功能进行映射。如“购票”听起来很简单，但流程往往是一个复杂而令人烦躁的多步骤流程，其中有很多决策点。

只要你已经收集了足够的关于受访者如何一步步实现目标的详细信息，就可以绘制简单的顾客旅程图。任何给定的任务都有认知和实体两个部分，根据分析的领域和目的，这两个部分的重要性可能有高有低。例如，做出复杂的购买决策（如购买一辆新车）通常需要一系列的认知活动，包括确定对汽车的需求或愿望、在网上进行研究，以及实际前往经销商处试驾汽车的实体部分。

如果你已经录制了访谈内容，将其转录下来既有帮助，又能节省时间。现在有多种工具可以让转录变得既经济又快捷。拿到笔录稿后，先通读一遍。确定受访者的总体目标和完成该任务的每个步骤。注意初始状态、促使顾客开始任务的事件、在每个步骤中要解决的问题及其功能 / 社会 / 情感维度、顾客在每个步骤中需要的信息或工具、顾客在哪个环节花费大量时间和金钱，以及任务可能被中断或重新开始的任何步骤。特别要关注他们在描述这些步骤和纠结时使用的具体措辞和用语。

我通常给新手的建议是绘制一份简单的顾客旅程图。我经常使用的模板如下。

维度	步骤 1	步骤 2	步骤 3	……
功能维度				
社会维度				
情感维度				
具体措辞和用语				
信息或工具				
制约要素				

简单的顾客旅程图模板

如何存储和保管这些信息因人而异。

我会为每个访谈制作一个旅程图，然后比较访谈之间的差异，寻找共性和趋势。我还会看哪些词语用得比较多，哪些话在不同访谈中重复，以及不同受访者如何反馈同一个问题。

顾客旅程图有助于加深我们对顾客经验的理解，并且帮助你确定在顾客完成任务的过程中，哪些具体内容（包括产品、服务或信息）可以为其提供支持。

创建痛点 × 频率矩阵

痛点 × 频率矩阵涉及两个概念的评估。痛点的疼痛程度通常被映射在量表上，如李克特量表或从 1 到 5 的评分量表，其中 1 表示“不太疼痛”，5 表示“非常疼痛”。频率也可以使用或从 1 到 5 的评分量表，1 代表不频繁，5 代表非常频繁。如果一个任务或步骤能具象化，那么 1 可以代表每年 1 次，5 代表每周若干次。

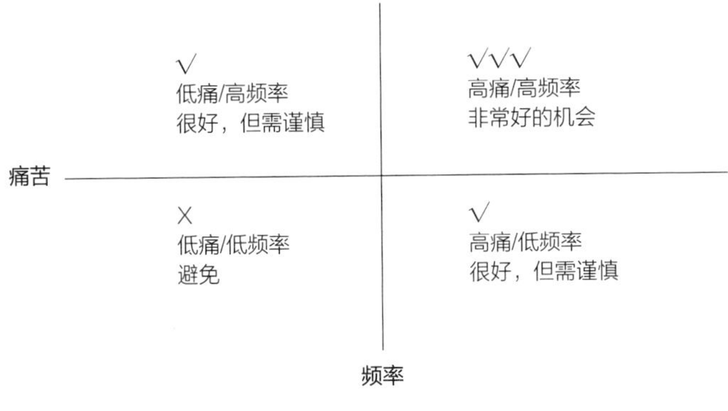

痛点 × 频率矩阵

问题越频繁出现、越令人疼痛，就越有可能有人愿意花钱去解决。这就是痛点 × 频率矩阵的基本思想。JTBD（Jobs-To-Be-Done，待办任务）的倡导者德斯·特雷纳提出："对于许多产品来说，问题不在于质量，而在于在顾客生活中的优先级。如果你的潜在顾客并不关心问题的解决，那就说明你也不应该……归根结底，如果你发现自己陷入了这个陷阱，那么作为一个产品，你可能会成功，但作为一个企业，你仍然会失败。"[41]

你可以将你感兴趣的活动，比如大型活动（买房）、小型活动甚至单项任务，绘制在此矩阵中。让我们举几个例子。

（1）购买房子。购买房子是一个频率不高的问题，坐落在矩阵的下半部。同时，购买房子是一个非常复杂的过程，有许多步骤，一旦买错代价很高（房子漏水或者有结构问题等）。因为其复杂性和出现错误的代价，因此人们愿意付费去解决这个问题。购买房子就是在低频、高痛的象限里。

（2）在微信公众号上推出一篇文章。每个星期，我们都会在微信公众号"猫大人观潮"推出一篇新文章，文章以市场趋势、新营销思想和方法为主。这个以周为单位的需求使之成为一个高频问题。写作本身很耗费时间，还需要查询资料，排版等。因此，每周推出一篇文章处于高频、高痛的象限。

（3）计划一个会议。你可能会通过邮件来来回回确认一个电话会议的时间。对于普通商务人士来说，这是一个常见问题，应该在高频率类别里。计划虽然会花一些时间，有点烦，但并不是很痛，因此属于低痛类别。因此，计划会议处于高频、低痛的象限。

值得注意的是，上述每个例子都会因具体情况而发生变化——既包括个人的情况，也包括影响其决策的不同功能、社会和情感因素。例如，一名销售人员被激励召开顾客会议，他可能会在不同的时区安排大量会议，从而面对高频率、高痛的问题（世界上有很多高频率、高痛的问题，但并不是所有问题都能以你的能力解决，也不是所有问题都能从竞争的角度看得明白）。

如何分析任务

在做一个访谈时，我会建立一个他们如何完成任务的心智模式。该模式的架构是：

（1）所有步骤。

（2）每个步骤的痛点、复杂程度和时长。

（3）每个步骤的频率（这一步是每次都发生，有时发生还是仅仅一次？）

当有人描述一个过程时，你要从两个角度来分析：痛点和频率。

例如，洗衣服。你可以将“洗衣服”分解为以下若干步骤，并在矩阵中绘制每个步骤。

- 将衣物分为浅色、彩色和深色。
- 弄清衣物上的衣物护理标志的含义。
- 选择和测量正确的洗衣液浓度。
- 清洗衣物。
- 将衣物从洗衣机换到烘干机。
- 烘干毛衣和精致衣物。
- 挂起衣物。
- 清洁棉絮过滤器。
- 把洗好的衣物放进抽屉。
- ……

时长和复杂程度都是相对的。在这个例子中，你最应该关注的是发生频率较高的一个步骤（如挂起衣物）和用时最长的一个步骤（把洗好的衣物放进抽屉）。

值得注意的是，一项任务的步骤可能因人而异。喝咖啡就是一个特别有趣的例子，因为它可以因人而异，甚至因时间长短而每天不同。人们可能会根据自己所处的不同环境，以及不同的功能、社会和情感维度，产生不同的情景代入感。

例如，制作咖啡包括：

- 找杯子。
- 选择胶囊。
- 将胶囊放入机器。
- 将杯子放入机器。
- 按下手柄。
- 从咖啡机中取出咖啡。
- 喝咖啡。

让我们来看另一种制作咖啡的方式：

- 选择豆类。
- 确定合适的豆子用量。
- 量出适量的豆子。
- 研磨咖啡豆。
- 烧水。
- 将滴滤器放在咖啡壶上。
- 将过滤器放入滴管顶部。
- 润湿滴漏器中的过滤器。
- 将研磨好的咖啡倒入滴漏器。
- 将设备放在厨房秤上，然后将秤归零。
- 确定倒入的水量。
- 倒水。
- 静置所需时间。

- 找到一个杯子。
- 倒入杯中。
- 喝咖啡。

一个人可能会在周一到周五选择使用胶囊咖啡机，因为他们时间紧迫（情绪维度），只需要在自带容器中装一杯（功能维度），在开车上班时饮用（社会维度）。但同一个人可能会在周末有客人来访（社会维度），需要制作一批咖啡（功能维度）并想给朋友留下深刻印象（情感维度）时，选择使用咖啡制作机。同样的人可能会购买高端咖啡制作机，打算在有客人来访时使用，但实际上从未使用过，但他们购买的原因仍然与其在商店里拿着产品时所想象的功能、社会和情感维度有关。

我建议将顾客的问题集视为一个线性的展开过程，也可以视为一个矩阵。将这些工具结合起来使用，可以帮助你更全面地了解问题所在以及这些问题对顾客的重要性。

练一练

请写下你在晚餐之后清洁厨房的过程，并标注每个步骤的时长和痛苦程度，然后仔细想想为什么有些步骤感觉相对痛苦，它带给你的困扰是什么。

痛点 × 频率矩阵没有告诉你什么

痛点 × 频率矩阵会告诉你哪些问题是人们经常遇到和感到疼痛的，因此也是他们最有可能来付费解决的。

我想说清楚这个矩阵不会告诉你什么。它不会告诉你具体如何进入市场、如何销售、选择哪种确切的价格或者其他任何对打造产品至关重要的事情。

痛点 × 频率矩阵能告诉你的是，哪些问题最尖锐。这可以帮助你从众多可能存在的问题中筛选出哪些问题应该优先解决，哪些问题应该推迟解决或放弃。

小　结

对于许多研究新手来说，分析访谈内容是一项意想不到的挑战，而且非常耗时。他们很快就会发现，并没有一个按部就班的分析流程。在定性内容分析的实践过程中，他们可能会感到非常苦恼和沮丧。研究新手可能会感叹："我已经读了所有的方法论，但却不知道如何开始，也不知道到底该如何处理我的访谈内容！"因此不得不努力研究相关的术语和概念，以及厘清从原始内容到类别或主题的抽象程度。现在看来，访谈内容分析似乎是一项混乱的工作。但是，生活是混乱、复杂，也是极其迷人的。在分析过程中经历混乱很正常。对于访谈研究人员来说，好的建议是对数据的复杂性持开放态度，并发挥自己的创造力。

本章呈现的只是使用研究数据并将研究结果纳入决策的两种常见方法的示例。在互联网世界里你稍加探索，就会发现更多的方法。传达访谈的意义和价值本身就是顾客研究活动的一部分。清晰、简洁的图表具有直观的吸引力。如果你要向同事和领导宣传研究的价值，请不要低估可视化分析的重要性和吸引力。与同事合作归纳个人观察结果的行为本身将确保你的团队能够分享共同理解和做出更好的决策。

在我所属的公司，我们也没有正式的成文分析规范，团队是将分析作为一个合作过程进行的。我大致描述整个合作过程如下：

（1）整理每个人的访谈笔记。

（2）参与访谈的人员召开一次总结会。会议上，每个人都要通读笔录和笔记。

（3）根据顾客的具体引述列出主题。此时，提取主题时并不考虑行动或影响——只是将团队能找到的所有主题提取出来并加以整理。

（4）有意“让主题飞一会儿”，让每个人都有机会思考这些主题。

（5）安排第二次会议，集思广益，讨论可能采取的行动以及建议。这些建议可能是路线图、战略或特定功能。

（6）与领导层分享主题和建议的行动。

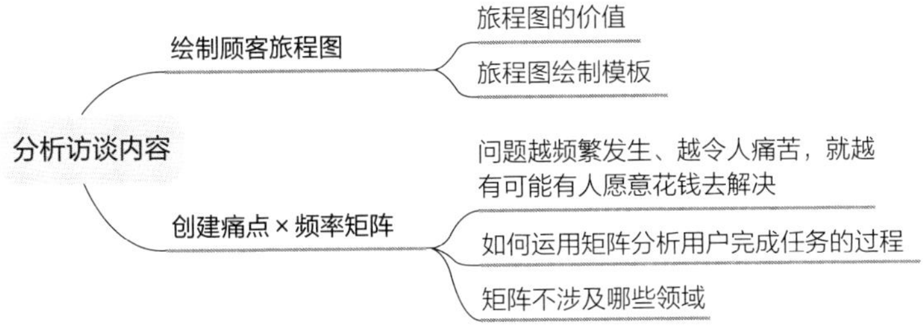

练一练

现在拿出你已经修改了多次的访谈大纲，找到10位合适的访谈对象，开始你的访谈旅程，记住运用书中提及的访谈技巧和管理访谈过程的方法。最后采用本章的方法，尝试分析顾客在完成他们的任务时，在哪些步骤上感到痛苦，并分析你们公司的现有产品或研发方向能如何帮助顾客解决他们的苦恼。

注释：本图由 DALL·E2 协助制作。

关键词索引

参考文献

[1] BROWN B. I thought it was just me [M]. New York: Gotham Books, a division of Penguin Books, 2007.

[2] GRANTA. Originals：how non-nonconformistsmove the world [M]. Reprint ed. New York: Penguin Books, 2017.

[3] WARD A. The neuroscience of everybody’s favorite topic [EB/OL]. [2013-07-16]. https://www. scientificamerican. com/article/the-neuroscience-of-everybody-favorite-topic-themselves/.

[4] AMRAN A. Getting good design feedback [EB/OL]. [2020-01-03]. https://www. amran. cz/getting-good-design-feedback/.

[5] KAHNEMAN D, TVERSKY A. Prospect theory: an analysis of decision under risk [J]. Econometrica, 1979, 47: 263–291.

[6] CHRISTENSEN C, HALL T, DILLON K, et al. Competing againstluck—the story of innovation and customer choice [M]. New York: HarperCollins Publishers, 2016.

[7] LAWRENCE D. Study of thomas hardy and other essays (the Cambridge edition of the works of D. H. Lawrence) [M]. Cambridge: Cambridge University Press, 1985.

[8] FORRESTER J. World dynamics [M]. Cambridge, Mass,:Wright-Allen Press, 1971.

[9] Grandview Research. Laundry detergentpods marketsize, share&trends analysis reportby product(non-biological,biological), by application(household,commercial), by region,and segment forecasts,2019-2025,ReportID:GVR-3-68038-366-9 [EB/OL]. [2018-10-01]. http://www. grandviewresearch. com/industry-analysis/ laundry-detergent-pods-market.

[10] Verified Market Research. Nespresso capsules market size and forecast [EB/OL]. [2024-07-01]. http://www. verifiedmarketresearch. com/product/nespresso-capsules-market/#:~:text=Nespresso%20Capsules%20Market%20size%20was%20valued%20at%20USD,a%20CAGR%20of%207. 96%25%20from%202022%20to%202030.

[11] JARED S. Innovation is the new black [M]//Culture Is Not Always Popular: Fifteen Years of Design Observer. Cambridge, Mass. : the MIT press, 2019:101-108.

[12] KUNIAVSKY M. Observing the user experience: a practitioner's guide to user research [M]. 2nd ed. San Francisco: Morgan Kaufmann,2012.

[13] ROGERS C,FARSON R. Active listening [M]//Communicating in business today. Boston: DC Health & Company, 1987:76-89.

[14] MILLER W, ROLLNICK S. Motivational interviewing: preparing people for change [M]. New York: Guilford Press, 2013.

[15] ADLER R, RUSSELL P. Looking out, looking In [M]. 15th ed. Boston, Mass. : Cengage Learning, 2016.

[16] OLSON J. IWASIW C. Effects of a training model on active listening skills of post-RN students [J]. Journal of Nursing Education. 1987, 26(3):104–107.

[17] NELSON-JONES R. Practical counselling and helping skills: text and activities for the life skills counselling model [M]. 6th ed. LA:CA SAGE Publications Ltd. , 2013.

[18] VOSSC, TAHL R. Never split the difference: negotiating as your life depended on it [M]. NY: Harper Business, 2016.

[19] ABRAHAMS R, GROYSBERG, B. How to become a better listener [J/OL]. Harvard Business Review, 2021-12-21, https://hbr. org/2021/12/how-to-become-a-better-listener.

[20] HORTON A. How I learned to be better at active listening as a manager [EB/OL]. [2022-06-19], https://www. fastcompany. com/90372821/

how-i-learned-to-be-better-at-active-listening-as-a-manager.

[21] RIGGIO R. Nonverbal skills and abilities [M]. The Sage handbook of nonverbal communication. Thousand oaks, CA: Sage, 2006: 79-86.

[22] MEHRABIAN A. Silent messages: implicit communication of emotions and attitudes [M]. 2nd ed. Belmont, CA：Wadsworth, 1981.

[23] BURGOON J. Nonverbal signals [M]. Handbook of interpersonal communication, Newbury Park, CA: Sage, 1994:235-242.

[24] GROSSBERG S. Adaptive resonance theory: how a brain learns to consciously attend, learn, and recognize a changing world [J]. Neural Networks, 2013, 37: 1-47.

[25] WESTLAND G. Verbal and non-verbal communication in psychotherapy [M]. New York: W. W. Norton & Company, 2015.

[26] TREES A. Nonverbal communication and the support process: interactional sensitivity in interactions between mothers and young adult children [J]. Communication Monographs, 2005, 67: 239-261.

[27] 心理词条，重要而神奇的沉默 - 古德曼定理 [EB/OL]. [2021-09-06]. https://www. xinli001. com/info/100477692.

[28] BULLER D, AUNE K. The Effects of speech rate similarity on compliance: application of communication accommodation theory [J]. Western Journal of Communication, 1992, 56: 37-53.

[29] PRESSMAN P. The Science of emotions: how the brain shapes how you feel [EB/OL]. [2022-02-27]. https://www. verywellhealth. com/the-science-of-emotions-2488708#:~:text=Emotion%20is%20not%20just%20generated%20from%20one%20part,response%2C%20and%20then%20regulate%20that%20response%20if%20needed.

[30] ROMIH T. Human are visual creature [EB/OL]. [2016-10-12]. https://www. seyens. com/humans-are-visual-creatures/.

[31] GRAMMER K. Schiefenhoëvel W. Schleidt M. et al. Patterns on the face: the eyebrow flash in crosscultural comparison [J].

Ethology,1988,77(4):279-299.

[32] GUEGUEN N, JACOB C. Direct look versus evasive glance and compliance with a request [J]. Journal of Social Psychology, 2002, 142: 393-396.

[33] STONE D, PATTON B, HEEN S. Difficult conversations: how to discuss what matters most [M]. revised ed. London: Penguin Books, 2023.

[34] RATHER J, MILLER A. DBT skills manual for adolescents [M]. NY: Guilford Press,2015.

[35] KOCABAS E,USTÜNDAG-BUDAK M. Validation skills in counselling and psychotherapy [J]. International Journal of Scientific Study, 2017, 5(8): 319-322.

[36] DRAPHICI A. 25 Examples of validating statements to show empathy [EB/OL].[2022-02-16]. https:// www. happierhuman. com/validating-statements/.

[37] ELKINGTON H. A psychological perspective: mirroring behavior in psychology [EB/OL]. [2023-11-02]. https://magnifymind. com/mirroring-behavior-in-psychology/.

[38] HACKOSJ, REDISH J. User and task analysis for interface design [M]. Hoboken, NJ: John Wiley & Sons, Inc. , 1998.

[39] HENDRIX H. The couples companion: meditations and exercises for getting the love you want [M]. NY: Atria Books, 1994.

[40] ROSENBERG M. Nonviolent communication: alanguage of life-changing tools for healthy relationships [M]. 3rd ed. Encinitas, CA:PuddleDancer Press, 2015.

[41] TRAYNOR D. Not all good products make good businesses [EB/OL]. [2016-08-15]. https://www. intercom. com/blog/good-products-bad-businesses/.

后　记

我还是会经常问一些愚蠢的问题，你也会的。不要为此自责。事实上，就在上周，我还因为进入推销模式而弄砸了一次特别重要的访谈。

人总是会犯错的。没关系。与团队一起检讨，不要因为犯错而自责。作为一个团队，大家努力做到更好。毕竟，访谈是为团队工作，你只不过担任了访谈主持人。

我犯过很多错误，现在仍然会犯错，因为访谈是很有挑战性的。我不停总结，至少现在我注意到了这些错误，并努力改正。大多数错误都是可以改正的。你永远不可能做到完美，但可以做得更好。

提高访谈能力

既然你已经学会了一些访谈技巧，就可以通过练习、反思、评论等来进一步磨炼和完善自己的表现。

• 练习、练习

访谈就像任何技能一样：练习得越多，你就越好。即使是最忙的研究人员也只能做一定数量的访谈。因此，要创造或寻找其他练习机会。

例如，利用短暂的日常接触（如喋喋不休的出租车司机、唠唠叨叨的家人、无话不说的闺蜜、到家里来维修的师傅等），进行一些访谈、提问和追问。培养强调倾听的社交风格，反思对方的意见，允许对方沉默。尝试进行更长、更深入的对话，以增强你的耐心。

在实地访谈时，请记住每次访谈都是一次学习经历。偶尔尝试一些不同的东西。例如，从后往前使用访谈大纲，同时仍要保持融洽的关系；强迫自己在说每句话之前数到五；学会在访谈现场记录下来当时的灵感和想法。

• 反思

通过反思，你可以在任何访谈中使你的收获最大化。足球教练会回顾比赛录像，访谈人员也可以这样做。你拥有的材料包括音频、视频或文字记录。寻找进行得顺利的片段或稍有差错的片段，并想一想你可以采取什么不同的做法。不要为自己当时的处理方式自责；反思的好处在于，你可以让时间停止，考虑一系列选择。

寻找机会亲自接受访谈。你无须考虑顾客满意度调查这些形式，你只是被问问题。注册市场调研数据库，或自愿成为大学研究的志愿者。体验一下，注意什么时候感觉不好，什么时候感觉良好。你可以利用这些洞察力来复制某些访谈技巧。

利用你过去与陌生人打交道的经历，如相亲、工作面试或晚餐聚会等。在这些情况下，你形成了哪些原则？考虑哪些有效，哪些没有效，为什么。

- **评论**

除了回顾自己的访谈外，还要审阅其他人的访谈（并请他们评论你的访谈）。在访谈过程中，可以跟在别人后面，观察别人的技巧。如果你足够自信，你可以分享在一些情况下你如何引导访谈。或者，请别人参加你的访谈，获得他们的反馈。

观看媒体采访，如央视《对话》节目。以主持人的身份，而不仅仅是观众的身份观看和聆听。尽管新闻业的背景（大体上）不同于顾客访谈，但是你会发现既新鲜又熟悉的技巧。

- **其他方法**

当然，还有一些其他的方法。比如，冥想能帮助你在访谈时保持临场感，并培养出深度关注他人所需的精神力量。在网上或会议上与其他主持人交流。阅读有关访谈和沟通的书籍。

除了以上方法，我们观察到一个优秀的主持人必然是一个热爱生活的人。他会亲自参与和完成生活中的很多任务，把完成各种任务当成生活的乐趣，并且从任务中汲取各种产品知识以及相关过程与细节。当他执行相关的访谈时，他有能力追问各种问题处理的细节，如烹饪、房屋装修、发酵，甚至修理扫地机器人。掌握的产品知识越多，访谈的细节就越生动。就像在邀请一位女性跳舞之前，你还是要学一些基本舞步的。你知道的舞步种类越多，你越有可能与她保持协调，否则你会踩肿她的脚。

发展个人访谈风格

本书讲述了作者认为行之有效的模式、方法、技巧和策略，但世界上没有两个人是相同的。随着学习的深入，你可以发展自己的个人访谈风格并加以调整。

第九章开篇提到的那个年轻的主持人，我很羡慕他超强的记忆力。如果他能面带微笑，与受访者有更多的互动，关注受访者的回答，让受访者说得更深入一些，那么他会在访谈中有更多的收获。

本书的作者之一，何琳女士，是一位优秀的访谈主持人。

她声线温柔，自然语速较慢，所以很轻松地就能在访谈开始阶段拉近与受访者的距离，并使受访者迅速进入正题。尽管她主持的访谈曾经一度因为“过于松弛”而被认为是接近聚会中的聊天，但经过努力调整，她对访谈话题节奏的控制已经得心应手了。

我的访谈会带有一点幽默感，在我的访谈中总会有笑声。但幽默感是一把双刃剑——幽默会把沉闷的访谈激活，同时激发受访者的思路和脑力，但幽默同样会把访谈的重心从受访者身上转移到主持人身上，这有悖于顾客访谈的目的。

没有完美的主持人。每个主持人在访谈中都会带有个人生活和性格的特质。在某些场景下，某些特质是优点，但遇到某些受访者，这些特质很可能阻碍访谈的顺利进行。你并不需要去克服这些特质，它们是你的一部分。你需要的是了解这些特质，并在适当的场景里运用这些特质，发挥其优势和作用。在另外一些场合，多运用本书所讲述的技巧，尽量避免这些特质干扰你的访谈。

访谈项目的最佳实践原则

整本书我们都在讲如何做好访谈。但需要谨记，所有的访谈只是某项目的一部分。当你在执行访谈的时候，你需要经常回顾项目的目标和要求。下面是一份清单，是访谈时的最佳实践原则。将这些内容熟记于心，然后把它们贴在你能看到的地方。

- 清楚地表述问题

这不是指你提出的问题，而是指你试图回答的大问题。除非你知道并能清楚地说明你想要发现什么以及为什么要这样做，否则顾客访谈毫无意义。清楚地表述大问题也有助于你在访谈现场判断什么是有价值的信息，什么时候应该停止追问了。

- 设定切合实际的期望

在顾客访谈取得成功之前，首先要为参与项目的每个人设定期望值，包括要回答的问题、要使用的方法以及要根据研究结果做出的决定。当你需要申请工作时间或预算时，达成一致的期望就非常重要。如果你的研究不能满足利益相关者的期望，他们就会认为你浪费了时间和金钱。询问团队成员和上级，他们希望得到什么。告诉他们能得到什么。

- 做好准备

研究就像烹饪：准备工作做得越充分，工作就进行得越快。如果不做准备工作，厨房里就会乱得一团糟，甚至火光冲天。在开始之前，先将流程和材料安排妥当。将它们摆放整齐，便于在需要时随时取用。

- **留出足够的分析时间**

你需要一点时间让事情步入正轨。在做完访谈后，甚至还在访谈过程中的时候，我们很容易受到诱惑，在没有给自己足够时间消化的前提下，就盲目地去寻求解决方案。在这里多花一点时间可以为以后节省很多时间。

- **使其令人难忘并具有激励性**

有效的访谈需要有效的报告，并与他人分享你的成果和建议。一份好的报告不一定要非常烦琐，也不一定要非常难读。它需要提供足够的信息，并让任何需要根据研究结果做出决策的人一目了然。很多时候一页纸就足够了。

研究的全部意义在于为决策提供依据。你不一定需要专门的交流渠道和文件。你需要在决策者需要的时候，将洞察力呈现在他们面前。看看你的组织中最有效的沟通方式，并复制这些方式。

本书没有覆盖什么内容

本书写作的重点是顾客访谈的思路、原则、技巧与策略等内容，强调在学校或在其他书中没有深入涉及的内容。因此，有很多重要的主题被有意排除在外。这不是一本全面的顾客研究指南，也不是一本深入探讨待办任务及其应用的指南，更不是一本以实体产品为重点的指南。本书的早期读者提到一些问题，我们觉得有必要在这里对其中的几点再做一些补充。

我们介绍的心智模式只适合生成式研究（generative research）。所谓生成式研究，就是在你还不知道自己在做什么的时候就开始做的研究。你从对某个主题的普遍好奇开始，寻找规律并询问："这是怎么回事？"由此产生的洞察力将带来新的想法，并帮助确定要解决的问题。换句话说，就是寻找和确认新的市场机会点。不要认为这只是最早需要进行的研究。即使你正在改进现有的产品，或为已在服务的受众开发新产品，这些研究也是有用的。收集到信息后，下一步就是对信息进行梳理，确定最常见的未满足的需求。这种研究和分析有助于指出需要解决的有用问题。你的思考可能会产生一个假设，比如"健身人群会很喜欢一款能根据自己的身体状况和训练情况提供下一步指导的应用程序"。然后，你可以对他们如何获取身体状况、记录训练情况和制订训练计划做进一步的（描述性 / 偏好性）研究。

在与企业客户合作的过程中，我们发现企业经常受困于以下问题：

◎ 不知道针对哪个（些）需求去创新。

◎ 不知道如何识别和评估有价值的需求。

◎ 投入了大量研发资源开发出新产品，但不确定新产品是不是市场需要的。

这些问题一旦回答错误，会将企业带入歧途，浪费大量宝贵的资源。事实上，这些问题是生成式研究所能回答的问题，鉴于其重要性和挑战性，因此本书着重介绍生成式研究的心智模式。

我们没有介绍其他类型的研究，如描述性研究、解释性研究或评估性研究的心智模式。但是，如果你对生成式研究有了心得，其他类型的研究完全可以通过阅读其他书籍掌握。对于企业来说，这些研究没有生成式研究所涉及问题的层次高，也没有那么困难。

本书也没有覆盖 2B（面向企业）访谈的内容和方法。虽然在本书的个别地方，我们列举了 2B 访谈的场景和内容作为点缀，但这远远不够。

例如，当研究对象是企业时，你的访谈对象可能需要包括企业的顾客。对于一个物流车队来说，你的访谈对象不仅仅包括车队，还包括车队的顾客。对于健身企业来说，你的访谈对象不但包括健身房本身，还包括健身房的会员。

即便是针对企业内部的访谈，你要访谈的人员也可能超出你的预期，因为企业的决策过程远比个人消费者复杂。例如，健身房想升级会员和课程管理软件，那么购买决策不仅涉及公司管理层、IT 经理、教练（使用者）、销售人员等，还牵扯软件维护人员等。受访者要覆盖很多岗位和职能，在与企业不同层级的受访者进行交流时，沟通技巧和策略要区别使用。与之相伴的，甄别和招募都会与 2C（面向消费者）端有所不同。

相较于 C 端顾客，企业更关注业务需求的满足，访谈的内容要更重视企业业务的流程和逻辑，因为企业更重视产品的功能与业务的衔接和融合。这会对访谈人员在特定领域的专业能力提出更高的要求。

尽管如此，我们认为本书所涉及的具体访谈技巧和策略仍然适用于企业端中的个体访谈。

除了以上两个领域，我们仍然有很多问题没有覆盖，例如：

◎ 如果访谈问题有很多，如何在这些问题上分配时间？

◎ 一个问题挖掘到什么程度就足够了？

◎ 如果受访者一直不怎么说话怎么办？

……

一位读者提及如何将访谈结果应用到企业的各条业务线。企业业务线包括战略制定、产品线规划、品牌管理、顾客运营等，这些内容远远超出“访谈”本身。这是一本教大家如何学会访谈的书，并不是一本访谈结果应用指南，尽管本书所涉及的访谈输出可以作为各项业务的核心输入。此外，每条业务线的分析也都需要不同的心智模式。我们建议读者阅读我们的《待办任务（JTBD）：重塑产品创新和市场策略》一书，其中详细呈现了如何把访谈结果应用到各条业务线的思想和具体方法。

另一位读者提到在线访谈的问题。在线访谈的流行是新冠疫情促成的，在疫情期间成为一种主流的顾客访谈方式。但很多产品设计人员和消费者洞察人员还是很喜欢面对面访谈。如果你研究的是实物产品，这通常至关重要。在日本的消费者研究体系和思想中，“现场”是一个不可替代的词语。

但对于非实物产品，如信用卡、理财等，在线访谈也是一个不错的选择。它不仅简化了面对面访谈准备工作的复杂度，而且在某些情况下，让别人在屏幕上与你分享并引导你了解他们的工作过程和使用工具的方式会能达到期待的效果。

如果是视频访谈，对方能看到你的脸，他们仍然可以通过屏幕读懂你的面部表情，如果你看起来很想要说什么，他们可能会忍住不说。我发现，与视频通话相比，有些人更愿意在音频通话中敞开心扉。这也消除了你管理自己面部表情的压力，让你可以腾出时间做笔记。

无论在线访谈的媒介是什么，你希望对方忘记你是一个有自己想法和判断的人。本书中介绍的各种沟通策略仍然能帮助你获得深刻见解。

后续

这本书你读到这里，让我们对你有了一些了解。

这表明你是多么关心为真实的人们创造有价值的产品和服务，也表明你认识到其他人的观点是有价值的，值得理解。

这表明你愿意暂时搁置自己固有的想法和假设，也许你甚至乐于看到自己最初的想法和假设是不完整的。

这表明你愿意倾听，真正地、深入地倾听，甚至是以一种你以前可能不熟悉的方式倾听他人。

这也表明，当你面对一个决定，发现自己在说“我想人们会想……”时，你能够记住询问人们是一种选择，而且你有工具让它产生有用的结果。

这表明你已经准备好访谈现有顾客和潜在顾客，即使你觉得自己还没有准备好。

我希望这本书成为你从顾客和潜在顾客那里获取有用信

息的工具箱，同时也希望你把在访谈中培养的同理心运用到你所在的商业环境和与他人的互动中。

访谈是一门实践艺术，访谈技能的获得不是仅仅靠阅读就能掌握的。一旦进入实践，你就会遇到各种各样的问题，有些问题甚至我们也从未遇到过。我们欢迎你将碰到的问题和挑战，以及访谈大纲、访谈总结和访谈心得，发给我们，我们共同讨论与提高。

扫码联系我们

后会有期！